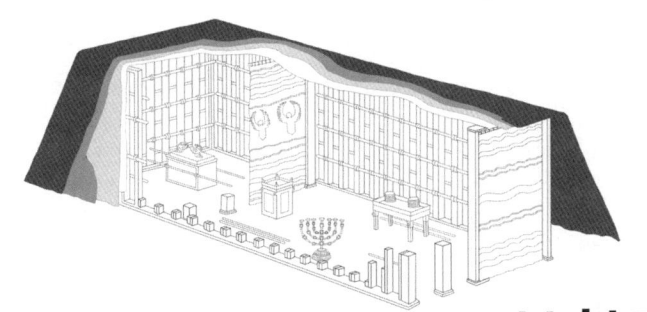

향기로운
분향단의 기도

정문수 목사

_____ 님께

_____ 드립니다

나됨

책 머리에

나 같은 죄인을 위해

저자 정문수 목사
(부르심교회)

세상에서 탕자였던 젊은 시절, 나 같은 죄인을 위해 십자가에서 피 흘려 돌아가신 예수님을 인격적으로 만나는 회심의 사건이 있었다.

무엇으로도 갚을 수 없는 예수님의 한없는 사랑 앞에 드릴 것이 아무것도 없던 나는, 보잘것없는 나를 드렸다.

"이제 저의 남은 삶을 주님께 드리겠습니다."

그렇게 고백한 그날, 평소 눈물이 없던 나였지만 사람이 이렇게 많은 눈물을 흘릴 수 있나 싶을 정도로 많은 눈물로 기도하던 순간이 생각난다.

다음해 스물여섯에 신학교에 입학하고 서른일곱에 목회자가 되기까지 수많은 기도의 시간이 있었다. 제일 많이 기도했던 이유는 답답해서였다. 답답하다는 말이 가장 정직한 말인 것 같다. 모든 것이 답답했다. 주님과 동행하는 날들이 늘 기쁘기만 할 줄 알았는데 실상은 현실도 미래도 막막하기만 했다.

이런 답답함은 많은 시간을 기도의 자리로 이끌었다. 산 위에 올라 절벽 끝에서 무릎을 꿇고 밤이 새도록 절박한 마음으로 기도하기도 했다. 방학 때만 되면 금식하며 목이 상하도록 부르짖었고, 시간만 되면 기도원을 찾아 기도하다가 밤이 되면 비닐 한 장과 담요를 몸에 두르고 목이 쉬도록 눈물로 기도하던 수많은 시간이 있었다.

그러나 이렇게 몸부림치는 기도 후에 잠시 속은 후련해졌을지 몰라도 근본적 답답함은 사라지지 않았다.

기도하면 답답함이 사라질 것이라는 믿음은 언제나 변함없이 나에게 실망을 가져왔고, 시간이 지날수록 안개가 낀 것처럼 내 마음과 나의 가는 길은 한 줄기 빛도 없는 암흑이었다.

이때 하나님께 드린 나의 기도는 목마른 사슴이 시냇물을 찾는 간절함과 절실함이었으나 여전히 내 마음과 현실은 답답했고 갈증과 기갈로 돌아왔다. 그러나 놀랍게도 이것이 나의 기도를 변화시키는 계기가 되었다.

우리는 날마다 쉬지 않고 **하나님이 기뻐하시는 기도**를 드려야 한다. 하나님이 기뻐하시는 기도는 **성경에 있는 하나님의 약속을 갖고 나오는 것**이다. 나는 이것을 수많은 시간이 지난 이후 깨닫게 되었다.

하나님께서 예수 그리스도를 통해 이루어놓으신 약속을 믿고 기도할 때, 성경의 약속대로 믿는 자들에게 방언이 열리고 귀신이 떠나가며 병든 자들이 고침을 받고 가난한 자를 부요케 하시는 일들로 성령님께서는 언제나 역사하셨다.

이 책을 펴내는 이유가 바로 **하나님께서 기뻐 받으시는 기도가 무엇인지**를 조금이라도 나누기 위해서이다. 아름다운 신앙을 가지고 기도를 하고 있으나 마음은 답답하고 안개에 가려 기쁨을 잃어버린 성도들이 있다면, 이 책을 통해 하나님께서 기뻐 받으시는 믿음의 기도가 무엇인지를 깨닫고 신앙이 회복되어 행복한 성도들이 되길 소망해 본다.

2006년 천안 땅에 부르심교회가 개척된 후 15년이란 시간이 흘렀다. 감사하게도 지금까지 목회를 하면서 수많은 문제와 일들로 기도할 때, 나의 힘과 의가 아니라 언제나 하나님께서 예수 그리스도를 통해 이뤄 놓으신 약속을 가지고 기도를 드렸다.

우리 교회에는 없는 것이 있다.
이전에 내가 했던 것처럼 하나님의 약속이 없는 상태에서 몸부림쳤던 기도를 성도들에게 하지 못하게 한다. 그래서 우리 교회는 금식기도나 날짜를 정해 드리는 작정기도가 없다. 겉으로는 사람들이 보기에 기도를 많이 하지 않는 교회처럼 보일 수도 있을 것이다. 그러나 실상은 날마다 아름다운 향을 피워드리는 성도들의 기도가 성전에서, 가정에서, 모든 삶 속에서 드려지고 있는 교회이다.

책을 내도록 용기를 주고 헌신해 준 성민 형제와 경주 자매에게 감사를 표한다. 그리고 언제나 성서한국과 세계선교, 말씀의 가정을 외치던 나의 든든한 동역자 아내 지형과 어려운 개척 시절부터 언제나 불평 한 번 하지 않고 교회와 아빠, 엄마로 인해 행복했다며 환한 미소로 말하는 사랑하는 나의 두 딸, 이레와 시온에게 너무도 고맙다.

또 2% 부족한 것이 아니라 98% 부족한 나를 기도와 사랑으로 응원해 주시고 따라주시는 부르심교회 모든 성도님들께 감사드린다. 그 누구보다 아들이 목회자의 길을 가는 것을 가장 기뻐하고 응원하시고 사랑해 주신 나의 부모님께, 아쉽게도 이 책이 나오면 가장 먼저 드리려고 했지만 지난 7월 초, 하나님 나라에 부르심을 받은 아버지께 더욱 감사를 드린다.

청년부 시절부터 지금까지 말씀과 사랑으로 격려하며 이끌어 주신 천안교회 윤학희 목사님과 신앙과 학문, 인격까지 겸비하신 존경하는 황덕형 총장님, 전주안디옥교회를 아름답게 목회하시고 은퇴 후에도 바울선교회에서 기도와 선교로 자신의 모든 것을 향기로운 제물로 드려 그리스도를 전하시는 이동휘 목사님께서 기꺼이 추천서를 써주심에 진심으로 감사드린다.

마지막으로 무익한 종을 부르셔서 교회의 목사로 귀한 직분과 사명을 주시고, 날마다 행복한 목회를 할 수 있도록 풍성한 은혜를 넘치게 부어 주시는 하나님께 모든 영광을 올려드립니다.

2021년 10월 부르심 목양실에서

추천의 글 1

가뭄에 단비와도 같은 책

윤학희 목사
(천안교회)

지금 한국교회는 코로나19의 직격탄을 맞아서 여러 가지 어려움을 겪고 있습니다. 교회만 어려움을 겪고 있는 것이 아니라 성도들도 어려움을 겪고 있습니다. 마음 놓고 예배당에 모이지도 못하고, 마음대로 기도하지도 못하고 있습니다. 이런 어려운 시기에 '향기로운 분향단의 기도'는 가뭄에 단비와도 같은 책입니다.

저는 정문수 목사님을 청년시절부터 지도하며 지켜봐왔습니다. 그래서 이 책이 단비처럼 느껴지는지도 모르겠습니다. 목사이기 전에 '인간 정문수'를 잘 알기 때문입니다. 정문수 목사는 기도가 삶이고, 삶이 목회인 사람입니다. 그래서 이 책은 단순히 기도를 가르치는 책이 아니라 삶을 가르치는 책입니다. 한국교회 성도들의 가장 큰 문제는 기도와 삶이 동떨어져 있다는 것입니다. 그러면 미신을 섬기는 사람들과 별반 다르지 않게 됩니다. 기도는 입에서 나온 것으로 끝난 것이 아니라 삶으로 기도한 대로 살아내야 끝나는 것입니다. 이 책은 우리에게 그런 진리를 가르쳐줍니다.

  이 책은 분향단의 기도를 성경적으로 자세하게 가르칠 뿐 아니라 경험으로 구체화시키고 있습니다. 그리고 지도나 도표, 그림과 사진 등으로 자세하게 보여주고 있습니다. 그래서 이해를 쉽게 하고, 삶으로 체득하게 만듭니다. 또한 각 장마다 '생각열기'로 끝내서 이 책을 읽고 깊이 묵상할 수 있게 만들어줍니다. 그래서 이 시대를 사는 그리스도인들에게 꼭 필요한 책이라고 생각되어 일독을 추천합니다.

2021년 10월

추천의 글 2

차원 높은 응답을
체험하신 분의 영혼의 고백

황덕형 총장
(서울신학대학교)

이 책에는 기도를 신실하게 하시고 차원 높은 응답을 체험하신 분의 영혼의 고백이 담겨 있습니다.

이 책의 저자인 정문수 목사는 목회의 전 기간을 통해 기도에 응답하시는 하나님을 체험하고 이 소중한 경험을 나누고 싶은 깊은 갈망이 있습니다.

그는 기도의 여러 모습들을 다루고 있는데 먼저 소합향나무에서 얻을 수 있는 향이 보여주는 특성을 잘 지적하고 있습니다. 제 살을 찢긴 애통과 아픔이 그대로 배어 있는 진액의 향이 바로 이 특별한 소합향나무의 향인 것이라고 말합니다. 정말 우리에게 필요한 애통함과 아픔의 내용이 무엇이 되어야 하는가를 저자는 묻고 있습니다. 그것은 결국 예수 그리스도의 십자가의 은혜를 통해 자신을 알게 되는 그런 절박한 애통함입니다. 우리의 오늘날의 기도에는 이런 차원이 빠져 있지 않은지 절박하게 저자는 묻고 있습니다. 하나님의 그 은혜의 십자가 앞에서 자신의 뼈저린 죄인의 모습을 회개할 때에만 우리는 진실로 하나님을 예배하는 자로 나서게 된다고 말하는 것입니다.

또 다른 흥미로운 주제는 홍해바다의 조개껍데기에서 나는 나감향이라는 향품과 연관이 있습니다. 조개의 단단함이 깨어질 때 그로부터 향이 나온다는 것입니다. 우리의 묵은 땅과 같은 마음을 깨야 하는 기도에서 우리는 참된 기도를 해야 된다고 지적합니다. 거기에는 우리의 오래된 편견들도 있을 수 있습니다. 그리고 정문수 목사의 신앙생활을 통해 발견하게 된 여러 가지 오래된 잘못된 습관들과 지식의 한계를 넘을 필요가 있다는 것이 분명해집니다.

이외에도 풍자향과 같이 다른 이들과 함께 섞이기 위해 자신을 희생하고 하나를 이루어 가는 향기의 특성을 가진 기도, 그리고 자신의 뿌리를 자르기까지 하면서 타인을 세워주는 그런 특성이 살아난 기도가 필요한 기도라고 말합니다. 또한 유향과 같이 예수 그리스도의 흔적을 기억하고 그를 따르려는 기도, 소금과 같이 말씀의 언약 속에 지속되는 영원한 구속의 흔적이 살아 있는 기도, 그 외에도 분향단의 기도 등을 아주 풍성하고 자세하게 말씀을 풀어주시면서 그 기도의 특성을 설명해 나갑니다.

정문수 목사의 이런 해명들은 사실 신앙의 핵심적 기초에 해

당하면서 우리가 반드시 지켜야 할 영원한 가치를 담고 있습니다. 기도는 일회적인 것이 될 수 없고 우리의 사정에 따라 시행하는 것이 아닙니다. 정문수 목사가 권면하는 것처럼 이 기도에는 향이 있어야 합니다. 여러 가지 특성이 있지만 이 모든 것들이 하나님이 우리에게 명령하신 것들입니다. 이 기도들이 우리 한국사회에서 다시 살아나기를 기대합니다.

2021년 10월

추천의 글 3

온전한 비밀을 배웁니다

이동휘 목사
(전주안디옥교회 원로/
現 바울선교회 대표)

> "하나님의 커다란 비밀 창고는 축복으로 가득한데 기도만이 그 창고의 자물쇠를 열 수 있다. 기도를 제자리에 돌려놓으라." 기도의 사람 앨버트 리처드슨은 외칩니다.

정 목사님의 '향기로운 분향단의 기도'가 그 해답을 명확히 가르쳐 주는 것 같습니다, 분향단에서 피우는 향을 만드는 원료가 신비하기만 합니다. 소합향과 나감향과 풍자향에 유향을 섞고 소금을 부어 만듭니다. 그 향이 하나님께 올리는 기도의 향이 됩니다.

소합향은 나무에 상처를 내어 진액을 뺍니다. 살을 찢어 짜낸 고통이 만들어낸 작품입니다. 기도에는 반드시 애통이 필수라 말합니다. 처참한 나를 아는 애통, 영혼들을 위한 통곡이 빠진 기도를 책망합니다. 나감향은 조개껍데기를 부수고 깨뜨려 만듭니다. 부서지고 가루가 될 때 비로소 향기를 발산합니다. 호세아는 우리의 묵은 땅을 갈아엎으라고 도전합니다. 마음을 깨뜨리고 신념을 뭉개는 그 순간 향이 돋습니다. 자기희생은 쭉 빼고 성공해 보려는 간사한 심보를 폭로합니다. 풍자향은 나무의 뿌리를 잘라 그 속의 진액을 굳혀 만듭니다. 그 향은 악취가 나지만 다른 향과 섞일 때 묘한 반응을 일으킵니다. 그 향유를 오래 보관되게 하고 그 속에서 희생함으로 조화된 향을 생산합니다. 융합의 선수입니다. 유향은 모든 것에 만능처럼 쓰이는 것이기에 황금 같은 값을 매깁니다. 사람들이 껍질을 사정없이 벗기고 채취하는 바람에 온갖 상처투성이로 외롭게 서 있는 불쌍한 나무입니다. 상처 난 예수님의 모습 그대로입니다. 여기에 소금을 더합니다. 사람들이 계약을 맺을 때 소금을 먹습니다. 소금은 부패를 방지합니다. 맛을 냅니다. 소금 언약을 붙들고 기도의 제사를 드리라고 말합니다.

　마지막으로 분향단의 신비를 밝혀냅니다. 분향단은 조각목으로 만듭니다. 광야에 흔해 빠진 싯딤나무, 볼품없는 땔감으로만 소용되는 나무, 비틀어지고 갈라지고 적은 비에도 썩어버리는 하찮은 나무를 씁니다. 거기에 금을 입히고 금테를 두르고 하나님의 신성으로 장식합니다. 장관입니다. 마귀의 조롱감이었던 우리를 왕 같은 제사장으로 만드는 순간입니다. 그래서 향을 담은 분향단의 기도를 드려야 한다고 강조합니다. 가르친 법규대로 기도하고 분향단의 불이 끊이지 않은 것처럼, 항상 기도해야만 한다고 일러줍니다. 이 모든 요소가 교훈이 되어 겹겹이 뭉친 알찬 기도를 올려 드린다는 것입니다.

조그마한 풍랑에도 우리의 기도가 자주 난파당하고 기도 아닌 것을 기도하는 바리새인의 기도를 폐기처분할 때가 온 것 같습니다. 다행히 정 목사님의 가르침이 성경의 부교재가 되어 우리를 기도하기에 훨씬 수월하게, 그러나 진지하게 할 안내서가 될 것 같아 너무 반갑고도 기쁜 선물입니다. 예수님께서도 간절하게 기도하셨는데도 기도하지 않고 버티어 보려는 오만한 태도를 과감히 쳐부숴야 합니다. 납작 엎드려 살려 달라고 부르짖어야 숨통이 터질 것입니다. 탈진상태까지 도달했으면서도 기도를 무시하면서, 기도를 양보하는 위험만은 피해야 합니다. 정 목사님이 밝혀주신 기도의 알참으로 우리의 기도도 풍요로워지기를 소원합니다. 지금까지의 기도가 총알 없는 총만 요란하게 갈겨댄 것 같아서 부끄러운 마음 금할 수가 없습니다. 기도의 오묘함을 가르치신 목사님께 머리 숙입니다.

하나님께 영광 돌립니다.

2021년 11월

"여호와께서 모세에게 이르시되 너는 소합향과 나감향과 풍자향의 향품을 가져다가 그 향품을 유향에 섞되 각기 같은 분량으로 하고 그것으로 향을 만들되 향 만드는 법대로 만들고 그것에 소금을 쳐서 성결하게 하고 그 향 얼마를 곱게 찧어 내가 너와 만날 회막 안 증거궤 앞에 두라 이 향은 너희에게 지극히 거룩하니라 네가 여호와를 위하여 만들 향은 거룩한 것이니 너희를 위하여는 그 방법대로 만들지 말라 냄새를 맡으려고 이 같은 것을 만드는 모든 자는 그 백성 중에서 끊어지리라"(출 30:34-38).

"책을 취하시매 네 생물과 이십사 장로들이 어린 양 앞에 엎드려 각각 거문고와 향이 가득한 금대접을 가졌으니 이 향은 성도의 기도들이라"(계 5:8).

contents / 차 례

향기로운 분향단의 기도

책 머리에 / 정문수 목사 … ▶ 3
추천의 글 1 / 윤학희 목사 … ▶ 7
추천의 글 2 / 황덕형 목사 … ▶ 9
추천의 글 3 / 이동휘 목사 … ▶ 12

1 소합향의 기도 … ▶ 21

1. 영혼을 위한 애통함을 회복해야 한다 … ▶ 23
2. 나를 아는 애통함 … ▶ 45
♥ 생각열기 … ▶ 65

2 나감향의 기도 … ▶ 67

1. 나의 마음을 깨뜨릴 때 우리는 아프다 … ▶ 69
2. 우리의 굳은 신념은 깨뜨려야 한다 … ▶ 83
  · 세상 지식을 성경보다 높이는 마음을 깨뜨려야 한다
  · 성경을 멀리하는 습관을 깨뜨려야 한다
  · 그릇된 지식을 깨뜨릴 용기와 결단이 있어야 한다
♥ 생각열기 … ▶ 103

3 풍자향의 기도 ··· ▶ 105

1. 뿌리를 잘라 합력하여 온전케 되어야 한다 ··· ▶ 110
2. 풍자향의 섬김은 감사에서 비롯된다 ··· ▶ 121
♥ 생각열기 ··· ▶ 131

4 유향의 기도 ··· ▶ 135

1. 우리를 대속하신 그리스도의 은혜 ··· ▶ 137
2. 우리는 기도에 유향을 담고 있는가 ··· ▶ 151
♥ 생각열기 ··· ▶ 159

5 소금의 기도 ··· ▶ 161

1. 영원히 변하지 않는 소금 언약 ··· ▶ 163
2. 언약이 반드시 성취되는 소금의 기도 ··· ▶ 176
♥ 생각열기 ··· ▶ 191

6 분향단과 조각목 ··· ▶ 193

1. 금을 입은 조각목 ··· ▶ 195
2. 영원한 면류관을 사모해야 한다 ··· ▶ 206
♥ 생각열기 ··· ▶ 213

7 분향단의 기도 ··· ▶ 215

1. 우리의 기도에 향을 담아야 한다 ··· ▶ 217
2. 예수님께서 찢으신 성소의 휘장 ··· ▶ 225
♥ 생각열기 ··· ▶ 237

1
소합향의 기도

1. 영혼을 위한 애통함을 회복해야 한다

"여호와께서 모세에게 이르시되 너는 소합향과 나감향과 풍자향의 향품을 가져다가 그 향품을 유향에 섞되 각기 같은 분량으로 하고 그것으로 향을 만들되 향 만드는 법대로 만들고 그것에 소금을 쳐서 성결하게 하고 그 향 얼마를 곱게 찧어 내가 너와 만날 회막 안 증거궤 앞에 두라 이 향은 너희에게 지극히 거룩하니라 네가 여호와를 위하여 만들 향은 거룩한 것이니 너희를 위하여는 그 방법대로 만들지 말라 냄새를 맡으려고 이 같은 것을 만드는 모든 자는 그 백성 중에서 끊어지리라"(출 30:34-38).

하나님께서 임재하시는 속죄소에 가장 가까이 위치한 분향단에서는 아름다운 향이 끊이지 않았다.

하나님께서는 소합향과 나감향과 풍자향의 향품을 가져다가 유향을 섞고 그 향품들에 소금을 쳐서 성결케 한 후, 곱게 찧어 증거궤 앞 분향단에 아름답게 올린 향을 기뻐 받으셨다.

이 모든 향은 매우 높은 가치를 지니고 있었으며 하나님께서 흠향하시는 거룩한 향이었다.

　구약시대 당시 속죄소에 가장 가까이 위치했던 이 분향단의 모습은 오늘날 우리 성도들의 기도를 상징하고 있다. 우리의 기도 또한 하나님께 가장 가까운 곳에 있다.
　예배를 받으시고 우리의 기도를 받으시는 하나님께서는 이 향 이외의 다른 향을 결코 받지 아니하셨으며, 향을 만드는 법을 거룩히 지키라고 분명히 말씀하신다. 따라서 우리는 오직 하나님께서 원하시는 모습의 기도로 서야만 한다.

　소합향나무에서 얻을 수 있는 특별한 향이 있다. 조록나뭇과의 소합향나무는 독특한 향을 품고 있다.1) 그러나 이 특별한 향을 얻기 위해서는 조금 더 특별한 방법이 필요하다. 진액에서 향이

---

1) 소합향은 히브리어로 나타프(נטף)라 일컬었다. 히브리어 나타프는 성경에 여러 차례 등장한다. 출애굽기 30장 34절의 소합향으로 등장하며, **그가 물방울을 가늘게 하시며 빗방울이 증발하여 안개가 되게 하시도다(욥 36:27)**는 말씀에서도 사용된다. 나타프는 욥기에서 '물방울'이란 뜻으로 쓰였다. 소합향의 생김새가 곧 방울진 물방울과 같아 이러한 표현으로 사용되었다. 구약성경에는 나타프란 단어가 총 18회 등장했으며, '내리다'(삿 5:4), '떨어지다'(시 68:8; 아 4:11, 5:13) 등의 뜻으로 사용되었다.
　　　　　　　　　- 네이버 고대 히브리어 사전. 2021. 08. 24. 나타프(נטף)

나는 나무의 특성상, 향을 얻으려는 이들은 나무에 상처를 내어 진액을 얻었다.

억지로 제 살이 찢기어 진액을 내어주는 소합향나무의 아픔과 애통이 그대로 스며들어 있는 향이 바로 소합향이다.

▲ 소합향은 제 살이 찢기어 진액을 내어준다. 상처와 애통함을 통해 얻을 수 있는 소합향은 귀한 향이었으며 하나님께서 흠향하시는 거룩한 향이다.

우리의 기도에도 소합향을 담아야 한다. 소합향의 아픔과 애통함을 통해 우리는 하나님께 나아갈 수 있다.

우리 삶 가운데에서 뜻대로 풀리지 않는 일들이 우리를 옥죄 기도, 사업에 실패하여 실족하기도, 사람들로 인한 실망과 상처로 아파하기도 한다. 어쩌면 우리의 인생은 수많은 좌절과 아픔으로 이루어진 것이다.

성경의 인물 야곱은 삶 가운데 찾아온 에서라는 걸림돌을 놓고 애통하는 소합향의 마음으로 주께 나아갔다.

장자의 축복을 가로채고 삼촌 라반의 모든 소유를 얻게 된 야곱이 길고 긴 타향살이를 마치고 에서를 만나러 갈 때, 그는 심히 두렵고 답답했다. 이미 육적인 축복은 넘칠 만큼 받은 야곱이었으나, 에서로 인한 두려움을 떨치기 위해 그는 영적 축복을 위한 소합향의 기도를 올렸다. 에서가 없었다면 야곱은 소합향의 기도를 올리지 않았을지도 모른다.

생의 좌절 가운데서 애통하는 마음으로 소합향의 기도를 올린 야곱의 태도로 미루어 볼 때, 우리 역시 인생 가운데 찾아온 좌절을 기회로 잡아야 한다. 영혼을 위한 소합향의 기도를 올릴 수 있는 최고의 기회로 여기고 하나님께 나아가야 한다.

이렇듯 소합향의 향기는 애통함에서 비롯된다. 그리고 그 고통은 '영혼을 위한 애통함'이다.

에서를 만나러 가는 길에 어떤 사람과 씨름하게 된 야곱은 허벅지를 다칠 때까지 그 사람을 놓아주지 않으며 그에게 축복을 구했다.

> "그가 이르되 날이 새려 하니 나로 가게 하라 야곱이 이르되 당신이 내게 축복하지 아니하면 가게 하지 아니하겠나이다"(창 32:26).

이때 하나님께서는 야곱에게 이스라엘이란 이름을 주신다.

> "그가 이르되 네 이름을 다시는 야곱이라 부를 것이 아니요 이스라엘이라 부를 것이니 이는 네가 하나님과 및 사람들과 겨루어 이겼음이니라"(창 32:28).

야곱은 이 사건으로 인해 자신이 대면한 이가 하나님이었음을 고백한다.

> 야곱이 얻은 '이스라엘'이라는 이름은 히브리어 '겨루어 이기다'란 뜻의 이스라(שׂרה)와 '하나님'이라는 뜻의 엘(אל)이 합쳐진 단어다.
> 브니엘에서 받은 이스라엘이라는 이름은, 결국 '네가 하나님 및 사람과 겨루어 이겼음이니라'는 뜻을 함유한다.

야곱의 열두 아들

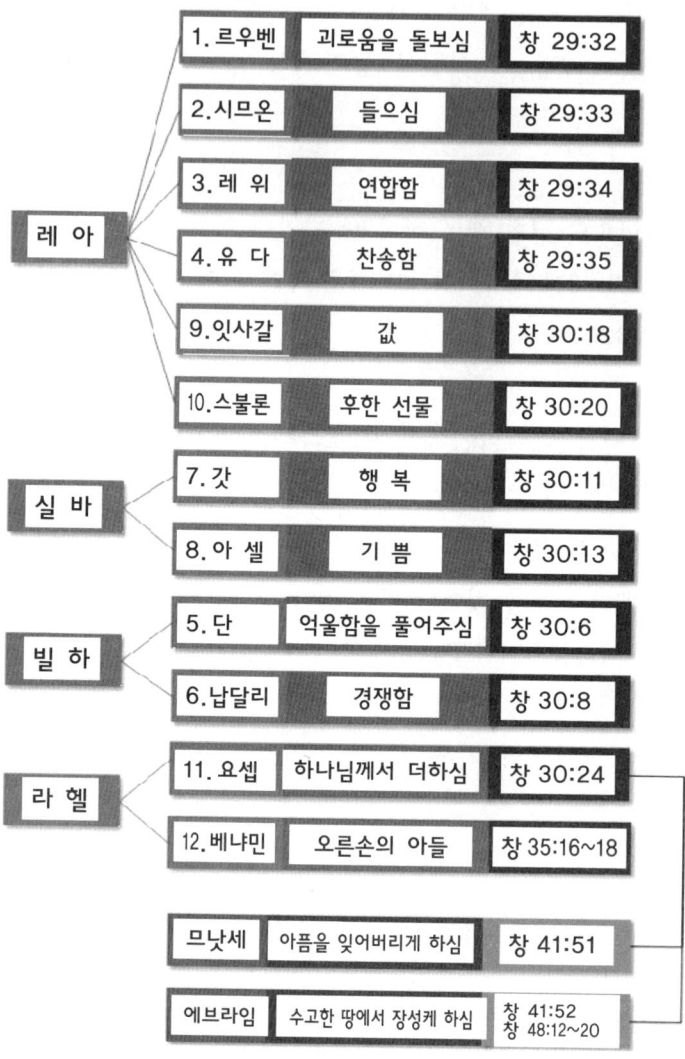

※ 야곱의 외동딸 디나는 레아의 소생으로 이름은 '공의, 심판'의 뜻(창 30:21).

"그러므로 야곱이 그곳 이름을 브니엘이라 하였으니 그가 이르기를 내가 하나님과 대면하여 보았으나 내 생명이 보전되었다 함이더라"(창 32:30).

야곱은 열두 아들과 후손들에 대해 하나님의 보증을 받는다. 이미 육적인 복을 넘치도록 받은 야곱이었으나, 자신에게 닥친 에서라는 문제를 붙들고 기도한 결과, 야곱이 품고 있던 근심과 걱정은 결국 소합향의 기도로 승화되었다. 소합향의 마음으로 올린 그의 기도를 하나님께서는 기뻐 받으시고 그의 후손을 존귀하게 하셨다.

야곱은 육적인 축복이 아닌 영원한 은혜를 간구했다. 그는 하나님께서 에서가 아닌 자신과 함께하신 것을 세상의 복보다 더 큰 축복으로 여겼으며, 그 복이 자신의 후손들에게까지 미치기를 원했기 때문이다. 그는 육적으로는 부족함이 없는 사람임에도 세상적 복이 아닌 영원한 복을 구했다. 막대한 재산과 건강, 명예와 권력은 영원한 것이 아님을 알고 하나님께 애통함으로 나아갔던 야곱을 보신 하나님은 결국 천대까지 이르는 복을 허락하셨고, 그와 그 후손들은 '이스라엘'이라는 이름을 얻을 수 있었다.

그러나 야곱의 후손들은 이와 같은 소합향의 기도를 올리지 않았다. 야곱의 장자 르우벤은 야곱의 침상을 더럽혀 장자의 명분을 빼앗겼다. 그 사건으로 인해 장자의 명분은 요셉에게로 넘어가게 된다.

"이스라엘의 장자 르우벤의 아들들은 이러하니라 (르우벤은 장자라도 그의 아버지의 침상을 더럽혔으므로 장자의 명분이 이스라엘의 아들 요셉의 자손에게로 돌아가서 족보에 장자의 명분대로 기록되지 못하였느니라 유다는 형제보다 뛰어나고 주권자가 유다에게서 났으나 장자의 명분은 요셉에게 있으니라)"(대상 5:1-2).

하나님의 부르심을 앞둔 야곱은 장자 르우벤의 아들이 아닌, 요셉의 아들들을 축복한다. 이때에도 야곱은 요셉의 장자 므낫세가 아닌 에브라임을 축복한다. 야곱이 에브라임을 축복한 이유는 오직 그가 가진 믿음의 분량 때문이었다.

"오른손으로는 에브라임을 이스라엘의 왼손을 향하게 하고 왼손으로는 므낫세를 이스라엘의 오른손을 향하게 하여 이끌어 그에게 가까이 나아가매 이스라엘이 오른손을 펴서 차남 에브라임의 머리에 얹고 왼손을 펴서 므낫세의 머리에 얹으니 므낫세는 장자라도 팔을 엇바꾸어 얹었더라"(창 48:13-14).

야곱에게 장자의 축복을 받은 에브라임에게는 많은 축복이 임했다. 이스라엘 백성들이 출애굽 이후 가나안 땅에 이르렀을 때, 므낫세와 에브라임 지파는 모든 지파 중 가장 많은 땅을 얻게 된다. 가나안 땅에서 가장 먼저 성소가 세워진 '실로' 또한 에브라임 지파의 땅이었다.

"에브라임은 바람을 먹으며 동풍을 따라가서 종일토록 거짓과 포학을 더하여 앗수르와 계약을 맺고 기름을 애굽에 보내도다 여호와께서 유다와 논쟁하시고 야곱을 그 행실대로 벌하시며 그의 행위대로 그에게 보응하시리라 야곱은 모태에서 그의 형의 발뒤꿈치를 잡았고 또 힘으로는 하나님과 겨루되 천사와 겨루어 이기고 울며 그에게 간구하였으며 하나님은 벧엘에서 그를 만나셨고 거기에서 우리에게 말씀하셨나니"(호 12:1-4).

◀▼ 이스라엘 백성이 첫 성소를 모신 거룩한 땅 '실로' 지역

◀ 과거 실로에 있었던 성막 모형과 옛것들을 볼 수 있는 기념관

실로는 '안식의 장소'라는 뜻을 담고 있는 에브라임의 성읍으로, 가나안 정복 직후 성막을 두었다. 이곳의 성막은 사사시대 말기 블레셋에게 법궤를 빼앗기기 전까지 유지되었다. 엘리 제사장 때 블레셋에 빼앗긴 법궤는 두 번 다시 이곳으로 돌아오지 않았다.

〈출처〉 Yair Aronshtam from Israel, CC BY-SA 2.0 〈https:// creativecommons.org/licenses/by-sa/2.0〉, via Wikimedia Commons

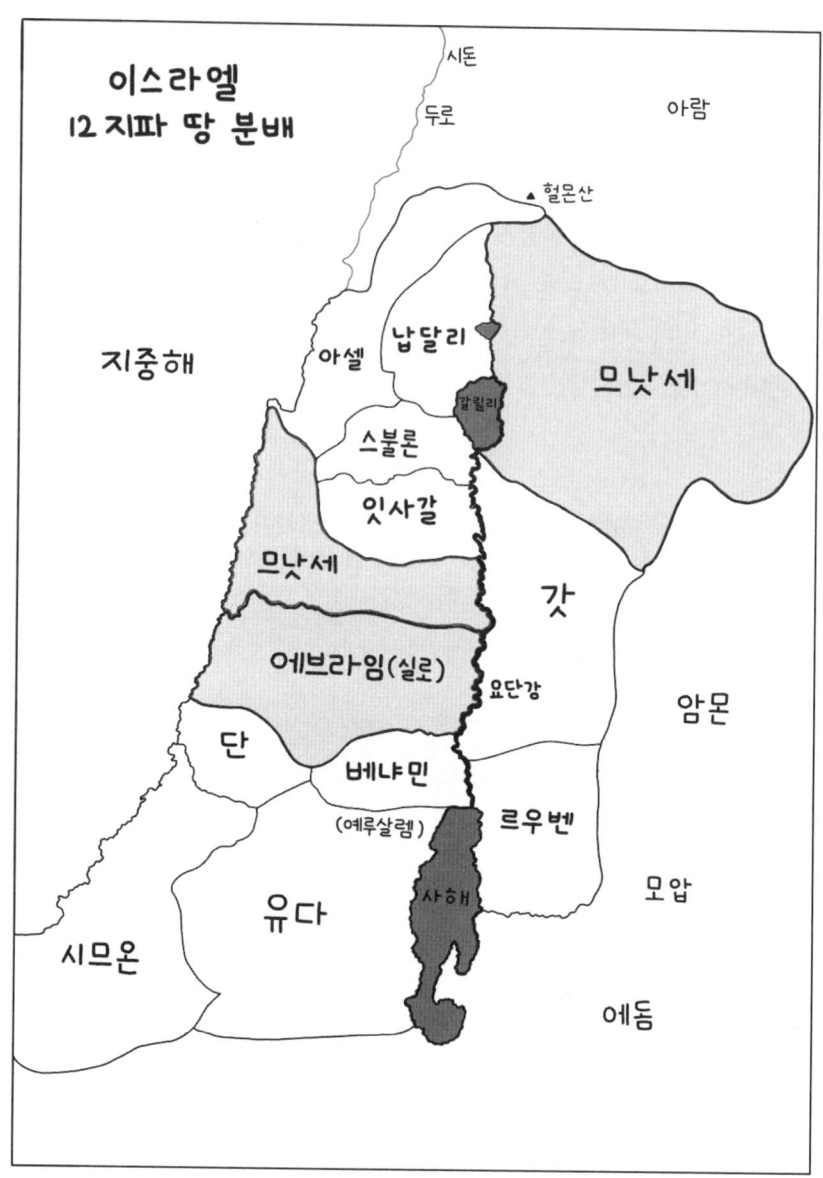

▲ 이스라엘 12지파의 땅 분배 지도

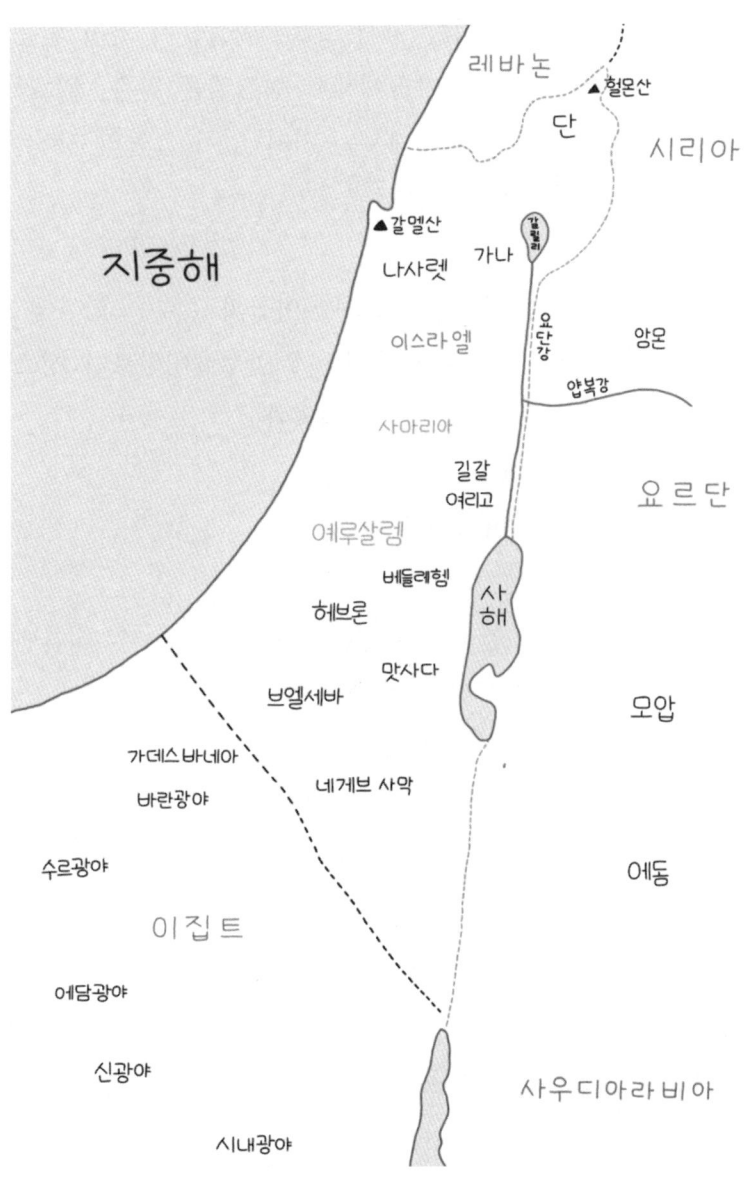

▲ 이스라엘 지도 : 땅을 분배받은 사진과 함께 비교해 보기

야곱이 열두 아들을 축복할 당시, 그는 아들들이 가진 믿음의 분량대로 축복했다. 그러나 야곱에게서 장자권을 받은 에브라임이 믿음에서 멀어지자, 하나님께서는 가차 없이 그들의 땅 실로에서 법궤를 옮기신다.

에브라임은 넘치는 축복을 받았으나 야곱과 같은 소합향의 애통함이 없었다. 결국 에브라임은 현실에 안주해버렸으며 성소와 법궤가 떠나가는 것을 바라만 보게 되었다.

우리는 영혼을 위해 아파해야 한다.

우리 민족의 기도는 항상 뜨거웠다. 전쟁을 겪은 후 대한민국의 기도에는 그 어느 때보다 더 애통함이 있었다. 보릿고개 가운데 우리 기도에는 눈물이 있었고 아픔이 있었다. 우리는 주릴지라도 자식 세대만은 배곯지 않게 해 달라는 희생의 기도가 있었고, 나라와 민족, 후대를 위한 눈물과 아픔의 기도가 있었다.

하나님께서는 우리 민족의 기도를 들으셨고 수많은 축복을 주셨다. 그러나 우리의 기도가 풍요로운 축복으로 인해 서서히 에브라임의 전철을 밟고 있는 것은 아닌지 돌아봐야 한다.

하나님께서 주신 축복은 너무도 귀하고 소중하다. 이 축복 때문에 하나님과의 관계가 식어지고 영혼을 향한 소합향의 애통함이 소멸된다면, 우리는 야곱이 아닌 에브라임을 본받는 자가 되는 것이다.

믿지 않는 가족이 있는 일을 오히려 감사히 여겨야 할지 모른다. 그들 '덕분에' 우리는 조금이나마 소합향의 기도를 올리고 있다. 1, 2대에 그칠 육적인 축복을 원하는가, 천대까지 이어지는 복을 갈구하는가.

천대까지 이어지는 영적인 축복의 비결은 소합향에 있다. 영혼을 위한 애통함을 붙들지 않는다면 우리는 향 없는 한 그루 나무일 뿐이다.

자녀의 출세를 우선순위에 놓고 기도할 때가 아니다. 지금 우리에게 필요한 것은 그들의 신앙이다. 자녀들의 신앙생활, 그들의 영혼을 위한 애통의 기도가 빠진다면 이 땅에 더는 비전이 없다.

서울에서 고등부 사역을 맡았을 때의 일이다. 바르게 신앙생활을 하고 있던 친구들도 고3이 되면 교회에서 얼굴 보기가 힘들었다. 의아해 물어보자 부모들이 교회 가는 것을 부담스러워 한다는 것이다. 더욱 나를 아연하게 한 부분은 학생들의 부모가 교회의 직분자들이 대다수였다는 것이다. 오히려 가정에서 혼자 신앙생활을 하는 아이들이 흔들림 없이 예배의 자리를 지키는 것을 보았다.

수학능력시험 당일, 교회에서는 수능특별기도회를 진행했다. 수능시험을 보는 자녀들의 부모님 대부분은 자녀들만큼이나 긴장한 모습이 역력했다. 시간마다 기도하며 외치는 성도들의 목소리는 간절했고 뜨거웠다. 그러나 그들의 울부짖는 그 기도 어디에 아이의 영혼을 위한 애통함이 담겼는지 의문이 들었다.

그날의 나는 기도하는 부모들의 외침 안에 소합향이 빠져 있는 것 같아 마음이 아팠다.

이 일화는 결국 우리 이야기일 수 있다. 우리는 과연 우리의 자녀들과 자신을 위해 무엇을 놓고 기도했는지 되돌아보아야 한다. 육신의 건강과 물질을 위해 기도하였으며, 멋진 배우자를 위해 기도했고 성적을 위해 기도했다. 그런 우리가 영혼과 하나님 나라를 우선순위에 두고 기도한 적 있는지에 대해 고민해야 한다. 그런즉 너희는 먼저 그의 나라와 그의 의를 구하라 그리하면 이 모든 것을 너희에게 더하시리라(마 6:33)는 말씀을 붙들 때다. 모든 것을 더하시는 하나님 앞에 육신은 잠시 내려놓고 영혼을 위한 애통함으로 기도해야 할 때다. 자녀에게 줄 수 있는 최고의 유산은 믿음이다.

이사야서에는 고난과 어려움을 만난 히스기야의 모습이 나온다. 앗수르 왕 산헤립이 대군을 이끌고 왔을 때, 히스기야는 자신의 옷을 찢고 굵은 베 옷을 입고 하나님 앞에 나아갔다. 히스기야의 기도를 들으신 여호와께서는 히스기야 심중의 애통함을 보시고 천사를 보내 앗수르 진중의 18만 5천 명을 죽이셨다. 고난과 시험이 소합향의 기도를 통해 축복으로 변화하게 된 것이다.

> "여호와의 사자가 나가서 앗수르 진중에서 **십팔만 오천인**을 쳤으므로 아침에 일찍이 일어나 본즉 시체뿐이라"(사 37:36).

기도의 응답으로 인해 히스기야에게 평안과 평화가 찾아왔으나 이내 그는 큰 병에 걸리고 만다. 이때 이사야가 찾아와 **여호와께서 이같이 말씀하시기를 너는 네 집에 유언하라 네가 죽고 살지 못하리라 하셨나이다**(사 38:1)라고 전한다.

히스기야는 다시 한 번 하나님 앞에 무릎을 꿇는다. 부강한 나라와 태평한 나라를 이룬 히스기야는 자신의 여생(餘生)을 놓고 기도한다. "내가 주 앞에서 진실과 전심으로 행하며 주의 목전에서 선하게 행한 것을 기억하옵소서!" 하고 통곡한다.

하나님께서는 다시 이사야를 통해 **내가 네 기도를 들었고 네 눈물을 보았노라 내가 네 수한에 십오 년을 더하고 너와 이 성을 앗수르 왕의 손에서 건져내겠고 내가 또 이 성을 보호하리라 이는 여호와께로 말미암는 너를 위한 징조이니**(사 38:5-7)라 말씀하시며 그를 낫게 하신다.

▼ 현재의 나라들의 지명과 옛 나라들의 이름을 함께
　볼 수 있는 이스라엘 지도

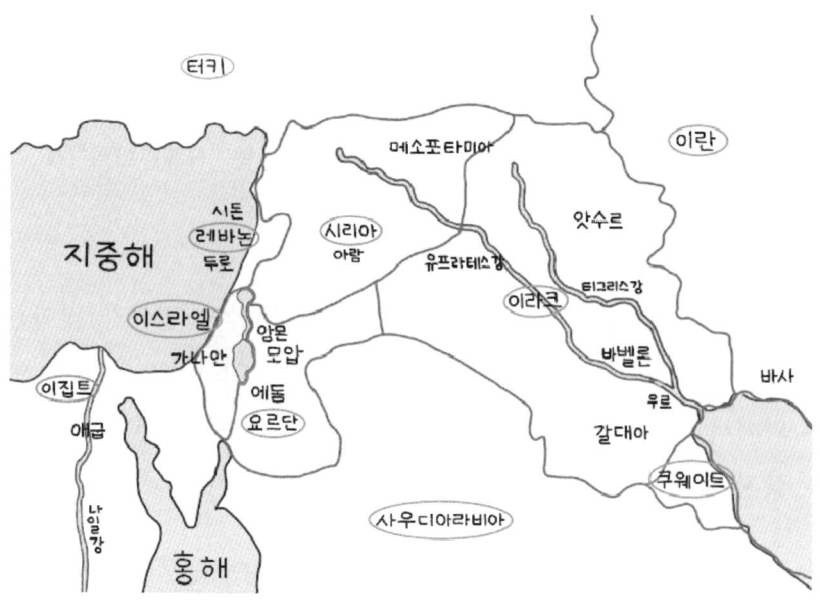

그러나 히스기야는 하나님께서 허락하신 생명을 낭비한다. 하나님의 은혜로 살아왔던 히스기야는 이 모든 하나님의 축복을 자신의 공으로 돌리기에 이른다.

바벨론의 왕 므로닥발라단이 히스기야의 나음을 듣고 사자와 예물을 보냈을 때, 히스기야는 궁중의 소유와 나라 안의 모든 소유를 보이며 자신의 소유를 자랑한다.

"그때에 발라단의 아들 바벨론 왕 므로닥발라단이 히스기야가 병들었다가 나았다 함을 듣고 히스기야에게 글과 예물을 보낸지라 히스기야가 사자들로 말미암아 기뻐하여 그들에게 보물 창고 곧 은금과 향료와 보배로운 기름과 모든 무기고에 있는 것을 다 보여 주었으니 히스기야가 궁중의 소유와 전 국내의 소유를 보이지 아니한 것이 없는지라"(사 39:1-2).

히스기야의 모습을 보신 여호와께서는 이사야를 통해, **보라 날이 이르리니 네 집의 모든 소유와 네 조상들이 오늘까지 쌓아 둔 것이 모두 바벨론으로 옮긴바 되고 남을 것이 없으리라 여호와의 말이니라 또 네게서 태어날 자손 중에서 몇이 사로잡혀 왕궁의 환관이 되리라 하셨나이다(사 39:6-7)** 하니, 히스기야는 "여호와의 말씀이 좋소이다 내 생전에는 평안과 견고함이 있으리로다"라는 희대의 망언을 남긴다.

"히스기야가 이사야에게 이르되 당신이 이른 바 여호와의 말씀이 좋소이다 하고 또 이르되 내 생전에는 평안과 견고함이 있으리로다 하니라"(사 39:8).

내 당대에는 평안함이 있으니, 내 후손은 어찌 되어도 상관없다는 히스기야의 어이없는 태도가 지금 우리의 모습은 아닌지 반성해야 한다.

많은 성도가 인생 가운데 어려운 시험이 닥쳐오면 늘 하나님 앞에 나아가 옷을 찢는 애통함으로 기도한다. 눈동자처럼 지키시는 하나님이 이 모든 시험과 환난 가운데 함께해 달라며 눈물로 기도한다. 그러나 문제가 해결되었을 때 우리는 히스기야로 변하지는 않았는지 되돌아보아야 한다. 병 나음을 의사와 나의 노력 덕분으로 여기지 않았는지, 출세와 성공을 나의 자랑으로 여기지 않았는지 돌이켜 보아야 한다.

우리가 갖는 문제는 어려운 시험이 아니다. 신앙 가운데 갈급한 영혼의 애통함이야말로 가장 큰 문제다. 우리의 영혼이 갈수록 메마르고 있음에도 당장의 시험에서 건져주신 하나님 앞에서 "내 생전에는 평안과 견고함이 있으리로다"라며 주의 은혜를 나의 덕으로 여기고, 내 영혼과 후손을 모른 체하지는 않았는지 끝없이 성찰하고 반성해야 한다.

누구나 병들었을 때 기도하고, 사업이 안 될 때, 돈이 없을 때, 배고플 때 기도한다. 그러나 나의 문제가 아니라고 여기는 것들에 대해서 기도하지 않는 모습을 너무나도 쉽게 마주하게 된다. 결국 우리 역시 말년의 히스기야처럼 소합향의 애통함을 빠뜨리고 있는 것이다.

　육적인 애통함은 하나님께서 받으시는 애통함이 아니다. 하나님 나라와 의를 위한 애통함을 품고 나의 후손을 위해 야곱처럼 기도해야 한다. 영적인 축복을 얻기 위해 하나님 앞에 무릎 꿇어야 한다.

　민수기에서는 구스 여자를 취한 모세를 두고 비방하는 미리암과 아론의 모습이 나온다. 모세의 잘못으로 말미암았으나 하나님께서는 **이 사람 모세는 온유함이 지면의 모든 사람보다 더하더라(민 12:3)**라며 모세의 편에 서신다. 미리암은 모세를 책망했다는 이유로 나병에 걸리게 될 정도였다.

　어째서 하나님께서 모세를 이토록 높게 여기셨는지를 주의 깊게 보아야 한다.
　시내산에서 40일간 기도하고 내려온 모세는 금송아지를 만들어 숭배하고 있는 이스라엘 백성들의 모습을 마주했다. 이때 모세는 이 백성들을 위해 기도한다. 그는 **여짜오되 슬프도소이다 이 백성이 자기들을 위하여 금 신을 만들었사오니 큰 죄를 범하였나이다 그러나 이제 그들의 죄를 사하시옵소서 그렇지 아니하시오면 원하건대 주께서 기록하신 책에서 내 이름을 지워 버려 주옵소서(출 32:32-33)**라고 간절히 기도했다. 이스라엘 백성들을 위해 애통한 마음을 품은 모세는 생명책에 기록된 자신의 영원한 생명까지도 내려놓고 기도한다.

결국 모세의 기도를 들으신 하나님께서는 이스라엘 백성들을 구원하여 가나안 땅에 이르게 하겠다고 약속하셨으나 그들과 함께하시지는 아니하겠다고 말씀하신다. 그러나 모세는 육적인 축복보다 영적 축복을 간구하던 이였다. 모세는 하나님께서 함께하시지 아니한다면, 우리 또한 이곳에서 올려보내지 말아 달라고 부르짖는다.

"모세가 여호와께 이르되 주께서 친히 가지 아니하시려거든 우리를 이곳에서 올려 보내지 마옵소서"(출 33:15).

젖과 꿀이 흐르는 땅으로 묘사되는 가나안은 분명 광야 생활에 지친 이스라엘 백성들에게 육적인 구원임에 틀림없다. 그러나 모세는 육적인 축복만으로는 만족할 수 없었다. 그는 하나님께서 동행하지 않는 축복은 반쪽짜리임을 알고 있는 사람이었다.
이처럼 모세는 진정한 영혼 구원을 위한 애통함을 품고 하나님께 나아갔던 사람이었고, 하나님께서는 이런 모세를 두고 지면의 모든 사람보다 온유함이 더 한 사람이라 평하신 것이다.

육신의 축복과 취직, 진학을 위해서만 기도하는 한국교회가 자녀들의 신앙생활에 무관심한 이유에 대한 깊은 성찰이 필요하다. 한국교회의 기도는 여전히 뜨겁다. 그러나 그 뜨거운 기도가 취

직과 진학을 위시한 육적 축복에 국한되고 있는 것을 반성해야 한다. 왜 신앙을 내려놓고, 믿음을 내려놓고, 복음과 영혼을 내려놓고 기도하는지 되돌아보며 아파해야 한다. 잃어버린 영혼에 대한 아픔이 우리 기도의 어디에 있었는지 찾아야 한다. 사도 요한도 영혼이 잘 된다면 범사에 잘 될 것이라고 말한다.

"사랑하는 자여 네 영혼이 잘됨같이 내가 범사에 잘되고 강건하기를 내가 간구하노라"(요삼 3:2).

먼저 구할 것과 나중 구할 것에 대한 올바른 구분이 필요한 이유다.

우리 자녀들이 모태신앙이라고 그들에게 구원의 확신이 있을 것이라고 믿는 것은 엄청나게 위험한 확신이다. 부모를 따라 교회에 출석하고, 봉사하고 찬양한다고 하여 그들이 인격적으로 하나님과 교제를 나누고 있다고 확신해서는 안 된다. 끊임없이 관심을 갖고 자녀들의 믿음을 위해 아픔으로 기도해야 한다. 우리 자녀가 정말 잘되기를 원한다면 그들의 영혼을 위해 눈물로 소합향의 기도를 올려야 한다.

우리 기도의 우선순위가 바뀌어서는 안 된다. 먹고 사는 문제가 우선이라 여기며 영혼 구원에 대한 기도를 마음 한구석 어딘가로 밀어두고 있어서는 안 된다. 삶에 치여 열심히 산다는 핑계로 삶 가운데에서 신앙의 본을 보이지 못하고 있지는 않았는지 되돌아봐야 한다.

세상에서 믿음으로 사는 것이 힘들다는 핑계를 대며 살아가는 우리의 모습은 결코 성경적 기준에서 신앙적이지 못하다. 분명 믿음을 갖고 주일성수를 하고 있다고는 하나 집에서의 모습과 교회에서의 모습이 일치하는지 되돌아보고 통렬히 반성해야 한다.

세상 그 어떤 것보다 영혼에 우선순위를 두어야 한다. 소합향의 애통한 기도를 올려야 한다.

우리는 히스기야의 기도를 나도 모르게 본받고 있을지 모른다. 그러나 이제는 하나님께서 기뻐하시는 야곱의 기도, 모세의 기도를 회복할 때다. 영혼을 위한 기도를 나중으로 미뤄둔 채 육을 위한 축복을 요구하는 것이야말로 어불성설이다. 먼저 그의 나라와 의를 구하면 알아서 더하시는 분. 그분이 만군의 여호와시다.

> "내가 그리스도 안에서 참말을 하고 거짓말을 아니하노라 나에게 큰 근심이 있는 것과 마음에 그치지 않는 고통이 있는 것을 내 양심이 성령 안에서 나와 더불어 증언하노니 나의 형제 곧 골육의 친척을 위하여 내 자신이 저주를 받아 그리스도에게서 끊어질지라도 원하는 바로라"(롬 9:1-3).

2. 나를 아는 애통함

앞서 설명했던 것처럼 소합향의 애통함은 육적 통증이 아닌, 영혼을 향한 애통함이다.

두 번째로 소합향이 요구하는 애통함에는 또 다른 애통함이 있다. 바로 '나를 아는 애통함', 그것이 하나님이 받으시는 소합향의 또 다른 모습이다. 그렇다면 나를 아는 애통함이 무엇을 의미하는지 생각해봐야 한다.

십자가의 은혜를 통해 나의 모습을 바라볼 때, 그 은혜 덕분에 내가 어떤 사람인지를 깨닫게 되었을 때 느끼는 애통함이다.

하나님이 주신 은혜가 얼마나 큰 은혜인지 알 때 비로소 우리는 애통하게 된다. 그것이 소합향의 또 다른 애통함이다.

하나님이 주신 은혜와 사랑을 기록하기에 이 지면은 너무 작다. 하나님이 우리에게 베푸신 사랑과 큰 은혜는, 하늘을 두루마리 삼고 바다를 먹물로 삼아 기록해도 부족하다는 고백이 나올 수밖에 없다. 이 고백이 내 마음에 새겨질 때 우리는 비로소 애통하게 된다. 헤아릴 수 없을 만큼 큰 사랑을 어찌 갚을 수 있겠는가. 값없이 주신 그 크신 사랑의 마음을 이해할 때 우리는 너무나 아플 수밖에 없다.

그리스도인들에게 이 소합향의 아픔이 없다면 우리에겐 결코 그리스도의 향기가 나지 않는다. 하나님께서는 능력과 재능이 충만하고, 사울처럼 멋진 외모를 가진 이들보다 애통함을 이해하고 비로소 소합향의 기도를 올리는 하나님의 사람들을 사용하신다.

에베소서 1장은 허물과 죄로 인해 죽은 우리를 살리신 예수님을 설명하고 있다. 에베소서에 따르면 세상 문화와 유행을 좇아 본질상 진노의 자녀였던 우리를 예수님께서 살리셨고 구원하셨다고 설명한다.

"그때에 너희는 그 가운데서 행하여 이 세상 풍조를 따르고 공중의 권세 잡은 자를 따랐으니 곧 지금 불순종의 아들들 가운데서 역사하는 영이라 전에는 우리도 다 그 가운데서 우리 육체의 욕심을 따라 지내며 육체와 마음의 원하는 것을 하여 다른 이들과 같이 본질상 진노의 자녀이었더니 긍휼이 풍성하신 하나님이 우리를 사랑하신 그 큰 사랑을 인하여 허물로 죽은 우리를 그리스도와 함께 살리셨고"(너희는 은혜로 구원을 받은 것이라) (엡 2:2-5).

이 구절에 따르면 결국 우리는 우리의 행위로 말미암아 구원받은 것이 아니라 '은혜로 얻은 것'이다. 이것은 우리에게서 난 것이 아니라, 하나님의 선물로 받은 것이다.

먼저 하나님께서 값없는 사랑을 베푸셨고, 독생자를 보내셨으며 그 손길을 뻗어주셨기에 우리가 그 사랑을 잡을 수 있었고 하나님을 사랑할 수 있게 되었다.

그렇다면 지금 우리가 얻은 축복과 부귀영화도 모두 하나님으로부터 온 것이다. 히스기야는 이것을 자신의 것으로 착각하고 소합향을 잊게 됨으로써 결국 그에게 향하던 하나님의 축복이 끊어지게 되었다.

성경에서 평가하는 '사람'의 모습은 어떤 모습일까.
욥기 25장에서는 **그의 눈에는 달이라도 빛을 발하지 못하고 별도 빛나지 못하거든 하물며 구더기 같은 사람, 벌레 같은 인생이랴(욥 25:5-6)**라고 신랄하게 이야기한다.

사람의 눈에 보이는 구더기는 한낱 미물에 불과하다. 우리는 구더기의 외모를 판단할 수 없다. 구더기 사회에서 누군가는 얼짱 구더기이고, 누군가는 부자 구더기일지라도 우리 눈에 구더기는 그저 구더기일 뿐이다. 사람은 결코 구더기의 중심을 살피지 않는다.

우리도 마찬가지다. 우리는 외모의 준수함과 차림새, 체격과 목소리 등으로 첫인상을 결정짓곤 한다. 늘 누군가의 외모와 차림새를 품평한다. 또 무엇이든 이분법적 구조를 두고 누군가와 비교하고 있다. 잘생기고 예쁘고, 가난하고 부하며, 학력의 높고 낮음을 이야기하려 한다. 뉴스에 나오는 수많은 범죄자와 악인에 비해 우리는 얼마나 선하다고 자신할 수 있는가. 하나님이 보시는 우리의 인생(人生)과 우리가 바라보는 구더기의 충생(蟲生)은 같은 맥락에서 해석해야 한다.

이사야서 41장에서는 야곱을 버러지라고 평가하기까지 한다. 그러나 거룩하신 하나님은 버러지 같은 야곱조차 돕겠다고 약속하신다.

> "버러지 같은 너 야곱아, 너희 이스라엘 사람들아 두려워하지 말라 나 여호와가 말하노니 내가 너를 도울 것이라 네 구속자는 이스라엘의 거룩한 이이니라"(사 41:14).

욥기와 이사야서를 보며 우리는 소합향의 은혜를 깨달아야 한다. 참 버러지 같은 인생, 구더기 같은 사람인 우리를 위해, 예수님께서 십자가에서 피 흘려 돌아가셨다. 채찍을 맞으셨고 창에 찔리셨다. 이 얼마나 크고 놀라운 하나님의 은혜인가?

내가 죽어 구더기들을 구원할 수 있다고 가정했을 때 우리는 과연 구더기를 위해, 저 한낱 미물을 위해 십자가의 고통을 감내할 수 있을지를 곱씹어야 한다. 예수님은 우리를 살리기 위해 십자가에서 죽어주신 분이다. 그 죽음과 그 보혈의 '핏값'으로 우리는 구원을 '얻은' 것이다. 값없이 얻은 그 은혜를 묵상하고, 예수님이 우리를 위해 십자가에서 당하신 고초를 기억하고 감사하며 소합향의 기도를 올려야 한다. 우리가 얻은 구원 어디에도 우리의 행위에서 난 것은 없다. 이것이야말로 전적인 하나님의 크신 은혜다. 그 크신 은혜야말로 우리가 애통해야 할 이유다. 마음속에 은혜와 구원의 감격이 차오를 때, 우리는 비로소 우리의 본모습을 깨닫고 애통할 수 있다.

소합향의 기도는 '나를 아는 애통함'에서 시작된다. 이는 결국 내가 누구인지를 아는 것이 중요하다.

구약에 나오는 다윗은 하나님께서 인정하신 왕이다. 사도행전에서도 다윗을 두고 **다윗을 왕으로 세우시고 증언하여 이르시되 내가 이새의 아들 다윗을 만나니 내 마음에 맞는 사람이라 내 뜻을 다 이루리라 하시더니(행 13:22)**라고 표현할 정도로 큰 인물이었다는 평가에는 이견이 없다. 그는 즉위 후 이스라엘의 최전성기를 이끌었다는 평을 받았음은 물론, 그의 이름이 서구권의 흔한 이름 '데이빗'의 어원이 되었음을 생각할 때 그가 인류 역사에 남긴 발자취는 매우 컸음이 분명하다.

이런 다윗이지만 그의 일생에는 누구나 아는 큰 오점이 있다. 바로 밧세바와의 동침이다.

왕궁 옥상을 거닐던 다윗은 목욕하고 있던 우리아의 아내 밧세바에게 반하여 그녀를 불러 동침함은 물론, 그녀의 임신 사실을 알고서 우리아를 불러 밧세바와 동침시키려 했다.

그러나 충직한 장수였던 우리아는 동료들을 전장에 내버려 둔 채 혼자 편안히 집에 있기를 거부하고 전쟁터로 다시 돌아간다.

자신의 은폐 계획이 실패로 돌아간 다윗왕은 요압 장군에게 전갈을 보내 우리아를 가장 치열한 전장으로 보낸 후, 군사들을 뒤로 물려서 그를 전사하게 만든다.

▲ 밧세바의 남편 우리아가 전사한 랍바 성은 현재 요르단의 수도 암몬 성을 일컫는다. 암몬은 랍바 성을 중심으로 도읍을 건설했으며, 모압 지역에 비해 강수량이 적고 사막화가 많이 진행된 탓에 주변에 물이 풍부하고 비옥한 길르앗 산지를 자주 공격했다.

랍바 성은 해발 850m의 알 칼라(Al-Qala)산 정상의 성채에 그 흔적이 남아 있는데, 이곳은 암만 확장의 중심지로 성채구역 안에는 고대의 성벽과, 로마시대에 건축한 헤라클레스 신전, 비잔틴 교회터 등 유적이 많이 남아 있다.

출처 : krebsmaus07, CC BY 2.0 〈https://creativecommons.org /licenses/by /2.0〉, via Wikimedia Commons

이때 다윗이 행한 간음과 탐심, 살인 중 그 어느 것도 하나님께서 보시기에 합당한 행위는 없었다. 그러나 다윗은 이 모든 일을 행하였음에도 하나님 앞에 부끄러운 행위라는 것을 깨닫지 못했다. 때문에 여호와께서는 선지자 나단을 보내 '부자와 가난한 자의 양'의 비유를 들어 다윗을 깨우쳐 주신다.

> "한 성읍에 두 사람이 있는데 한 사람은 부하고 한 사람은 가난하니 그 부한 사람은 양과 소가 심히 많으나 가난한 사람은 아무것도 없고 자기가 사서 기르는 작은 암양 새끼 한 마리뿐이라 그 암양 새끼는 그와 그의 자식과 함께 자라며 그가 먹는 것을 먹으며 그의 잔으로 마시며 그의 품에 누우므로 그에게는 딸처럼 되었거늘 어떤 행인이 그 부자에게 오매 부자가 자기에게 온 행인을 위하여 자기의 양과 소를 아껴 잡지 아니하고 가난한 사람의 양 새끼를 빼앗아다가 자기에게 온 사람을 위하여 잡았나이다 하니 다윗이 그 사람으로 말미암아 노하여 나단에게 이르되 여호와의 살아 계심을 두고 맹세하노니 이 일을 행한 그 사람은 마땅히 죽을지라"(삼하 12:1-5).

죄의 삯은 사망이라고 하신 말씀처럼, 다윗의 가문에는 저주가 찾아옴이 합당하다. 그렇기에 다윗은 나단의 책망을 듣고 하나님의 은혜를 구하고자 성전으로 나아간다. 자신의 죄를 용서받기 위해 다윗은 하나님께 번제를 올렸으나 하나님께서는 그 번제를 받지 않으신다.

"주께서는 제사를 기뻐하지 아니하시나니 그렇지 아니하면 내가 드렸을 것이라 주는 번제를 기뻐하지 아니하시나이다" (시 51:16).

그가 율법에 따라 제물을 잡고 번제단에서 제사를 드렸어도 하나님께서는 다윗의 제물을 받지 않으신다. 번제단 앞에 선 다윗에게 하나님께서 요구하신 것은 형식적 제사가 아닌 그의 상한 심령이었다. 다윗이 스스로 하나님의 은혜를 실망시킨 것에 대한 상한 심령으로 나오기를 기대하신 하나님은 그의 애통함을 먼저 요구하셨다.

다윗의 죄를 대속하기 위해 죽어 제단에 올려진 제물에 대한 아픈 마음, 다윗의 악행과 탐심 때문에 죽어간 밧세바의 남편 우리아에 대한 애통함을 먼저 갖추길 원하신 것이다.

"하나님께서 구하시는 제사는 상한 심령이라 하나님이여 상하고 통회하는 마음을 주께서 멸시하지 아니하시리이다"(시 51:17).

마침내 다윗은 이 모든 아픔을 마음에 품고 하나님께 나아갔다. 그가 애통하는 마음으로 가슴을 찢고 눈물 흘렸을 때, 하나님께서는 다윗의 제물을 받으신다. 다윗은 자신의 죄를 직시하고 하나님께 나아갔다. 그는 시편 51편 전반부를 통해 하나님 앞에 철저한 죄인으로 나아감은 물론, 자신의 마음에 정한 마음을 '창조'해 달라고 고백한다.

"하나님이여 내 속에 정한 마음을 창조하시고 내 안에 정직한 영을 새롭게 하소서"(시 51:10).

'창조'는 전에 없던 것을 새로이 만드는 놀라운 역사다. 다윗은 자기 마음에 정한 마음이 단 하나도 없는 죄인임을 철저히 고백했다.

다윗처럼 하나님 앞에 서서, 그가 행하신 은혜를 알고 자신을 돌아볼 때 비로소 신령과 진정의 예배를 드릴 수 있다. 나 자신을 돌아봄을 통해 갖는 상한 심령만이 예배를 회복시킬 수 있고, 하나님 앞에 좋은 예배자로 설 수 있다.

금요예배 가운데 늘 찬양으로 헌신하는 우리 교회 찬양단과 얽힌 일화가 있다. 그들은 찬양단이 세워진 이후로 항상 그 자리

를 지켜왔다. 명절에도 찬양단의 사명을 감당하기 위해 헌신해온 이들이었다. 어느 날은 목회자와 사모를 제외한 성도가 두셋밖에 없는 날도 있었다. 그러나 그런 날에도 이들은 꿋꿋하게 예배의 자리를 지켰고 하나님께 영광을 돌렸다.

어느 날 제자훈련 시간, 한 집사님께 "그런 열악한 상황 속에서 찬양할 때 어떤 마음이셨나요?" 하고 가만히 여쭌 적이 있다. 사실 난 그분이 "창피하고 부끄러웠어요. 민망했어요."라고 대답을 할 것이라 생각했다. 그러나 그분은 "하나님보다 사람의 숫자를 먼저 의식하고 있는 제 마음으로 인해 하나님 앞에 정말 죄송했다."고 말하며 눈물을 흘렸다.

이 눈물이 소합향의 눈물이다. 예배자들이 하나님 앞에 미안하고 죄송한 마음을 갖는 것이야말로 소합향의 애통함이다. 하나님은 이런 눈물을 받으신다. 비록 많은 사람이 참석해 영광을 돌린 것은 아니었으나, 하나님은 이런 심령을 가진 찬양단이 소합향의 애통함으로 올려드린 그날의 찬양을 받으셨을 것이라 확신한다.

하나님은 사람이 찬양하지 않으면 돌을 두고서라도 찬양받으시는 분이시다.

"대답하여 이르시되 내가 너희에게 말하노니 만일 이 사람들이 침묵하면 돌들이 소리 지르리라 하시니라"(눅 19:40).

진정한 예배자가 드리는 찬양을 기뻐 받으시는 분이시지, 사람의 많고 적음은 그분께 중요한 것이 아니다.

예수님의 십자가의 은혜를 묵상한다면 나는 결코 하나님 앞에 나를 내세울 수 없다. 보잘것없는 나를 위해 십자가에 죽어주신 감격의 큰 은혜를 묵상하고 그 애통함을 품는다면 하나님 앞에서 철저히 낮아지는 내 모습을 발견하게 될 것이다.

지금도 하나님께서는 신령과 진정으로 예배하는 자를 찾고 계신다. 허물과 죄로 죽었던 벌레 같은 나를 살리신 하나님의 은혜를 아는 자, 상한 심령을 가진 자, 나의 의를 자랑치 않는 자만이 참된 그리스도인으로 나아갈 수 있게 된다.

죄와 허물로 인해 죽을 수밖에 없는 내 심령의 상태를 깨닫고, 구원의 감격을 체험할 때 비로소 우리는 소합향의 기도를 올릴 수 있는 성도로 거듭날 수 있다. 물론 예수 그리스도를 믿음으로 말미암아 우리의 영혼은 이미 온전케 되었다. 그러나 그리스도로 인해 이미 거듭났어도 구원의 감격이 없다면 우리는 온전한 예배자로 주 앞에 설 수 없을지도 모른다.

요한복음에는 우물가에서 예수님을 만난 사마리아 여인의 일화가 등장한다. 이 여인이야말로, 하나님 앞에서 단 1%조차 자신의 의를 드러낼 수 없는 사람이다. 예수님께서는 이 여인에게 **아버지께 참되게 예배하는 자들은 영과 진리로 예배할 때가 오나니 곧 이때라 아버지께서는 자기에게 이렇게 예배하는 자들을 찾으시느니라 하나님은 영이시니 예배하는 자가 영과 진리로 예배할지니라(요 4:23-24)**고 말씀하신다.

우리 또한 하나님 앞에 영과 진리로 예배하는 모습으로 나아가야 한다. 우리 삶에 이 모습을 적용해야 한다. 내 삶 가운데 하나님의 은혜를 아는 '은혜'가 있는지, 내 마음에 '소합향'의 아픔이 있는지를 분별해야 한다.

예수님께서는 스스로 의롭다고 생각하며 다른 사람을 멸시하는 자들에게 바리새인과 세리의 일화를 들어 주신다. 바리새인은 이레에 두 번씩 금식하고 십일조를 지킴은 물론 토색과 불의, 간음하는 자나 세리와도 같지 않은 사회의 모범적 '의인'이라며 하나님 앞에서 자신의 의를 드러냈고, 세리는 "하나님이여, 나를 불쌍히 여기소서! 나는 죄인이로소이다!" 하며 멀리 서서 가슴을 칠 뿐이었다. 예수님께서는 둘 중 바리새인이 아닌 세리가 의롭다고 말씀하신다.

"또 자기를 의롭다고 믿고 다른 사람을 멸시하는 자들에게 이 비유로 말씀하시되 두 사람이 기도하러 성전에 올라가니 하나는 바리새인이요 하나는 세리라 바리새인은 서서 따로 기도하여 이르되 하나님이여 나는 다른 사람들 곧 토색, 불의, 간음을 하는 자들과 같지 아니하고 이 세리와도 같지 아니함을 감사하나이다 나는 이레에 두 번씩 금식하고 또 소득의 십일조를 드리나이다 하고 세리는 멀리 서서 감히 눈을 들어 하늘을 쳐다보지도 못하고 다만 가슴을 치며 이르되 하나님이여 불쌍히 여기소서 나는 죄인이로소이다 하였느니라 내가 너희에게 이르노니 이에 저 바리새인이 아니고 이 사람이 의롭다 하심을 받고 그의 집으로 내려갔느니라 무릇 자기를 높이는 자는 낮아지고 자기를 낮추는 자는 높아지리라 하시니라"(눅 18:9-14).

어째서 사회적 규범 안에서 '의인'이라 불리기 부족함 없는 바리새인보다 세리가 더욱 높임을 받았는지 이제 우리는 알 수 있다. 바리새인의 기도에는 소합향이 빠져 있었기 때문이다. 애통함이 없고 상한 심령이 없는 바리새인의 기도에는 오직 자기 의만 있을 뿐이다.

누가복음 7장에는 옥합을 깨뜨리고 울며 예수님의 발을 씻은 죄 많은 여인이 등장한다. 바리새인이 그 여인의 행위를 보고 **이 사람이 만일 선지자라면 자기를 만지는 이 여자가 누구며 어떠한 자 곧 죄인인 줄을 알았으리라**(눅 7:39)고 한다. 이때 예수님께서는 많이 빚진 자와 적게 빚진 자의 빚을 탕감해 준 비유를 드시며, 많은 죄를 지었던 이가 죄 사함을 받았을 때 더욱 감사함을 품게 됨을 말씀하신다.

> 성경에는 다양한 화폐가 등장한다.
> 본문에 등장하는 데나리온은 은으로 만들어진 로마 시대의 기본 화폐로서, 1 데나리온은 당시 일반 노동자의 하루치 임금이었다.
> 또 자주 등장하는 '달란트'라는 단위는 금이나 은을 측정하는 단위로 사용되었으며 1달란트는 은화 6,000데나리온 정도였다.

성경에 따르면, 한 향유 옥합의 가격은 300데나리온 정도였다.

"이 향유를 어찌하여 삼백 데나리온에 팔아 가난한 자들에게 주지 아니하였느냐 하니"(요 1:2:5).

당시 노동자들의 하루 품삯이 1데나리온이었음을 고려할 때, 여인이 예수님께 가지고 나온 향유 옥합은 보편적 노동자들이 1년간 일해야 겨우 살 수 있을 만큼 큰 가치를 지닌 물건임을 알 수 있다.

그런데 여인은 이런 물건을 망설임 없이 깨뜨리고 예수님께

드렸다. 과연 나라면 예수님을 위해 수천만 원의 가치가 있는 물건을 아낌없이 깨뜨릴 수 있었겠는가? 여인에게 이러한 행위가 가능했던 까닭은 바로 그가 상한 심령을 갖춘 예배자였기 때문이다.

상한 심령이 없는 예배자는 결코 옥합을 깨뜨릴 수 없다. 상한 심령을 가진 자만이 예수님을 진정으로 사랑할 수 있다. 여인의 죄를 사하시고 그녀를 위해, 우리 죄를 대속해 십자가의 그 길을 걸어가신 예수님의 발이 내 가슴에 사정없이 들어올 때 우리는 비로소 나를 되돌아보고 그 은혜의 감격을 체험할 수 있는 상한 심령의 진정한 예배자로 거듭날 수 있다.

하나님께서는 이런 예배자의 찬양과 헌신을 옥합으로 받으시는 분이시다.

고대 유대 지방에서 가장 낮은 존재는 사마리아인이었을 것으로 짐작된다. 어떤 기록에 의하면 당시 유대인들은 혼혈인 사마리아인들을 '개'라고까지 멸칭(蔑稱)하며 상종하지도 않았다고 한다. 실제로 유대인들은 사마리아 사람들이 사는 마을을 피해 멀리 돌아가기도 할 정도였다고 하니, 당시 그들의 사회적 위치와 지위가 어떠했을지 알 수 있다.

누가복음 17장에서는 열 명의 나병 환자 이야기가 나온다. 이 중 아홉은 유대인이었으며, 나머지 하나는 사마리아인이었다. 당시 나병 환자들은 사람들이 모인 곳에 함께하지 못했음은 물론, 사랑하는 가족들을 떠나 외로운 광야 생활을 해야만 했던 불쌍한 사람들이었다.

아홉 명의 유대인이 나병에 걸리고 사회적 멸시를 받게 되자, 이들과 사마리아인은 동료가 된다. 평소에 멸시하고 조롱하며 천대하던 한 명의 사마리아인과 자신들이 본질적으로 다르지 않음을 깨닫게 된 것이다.

이때 예수님께서 이들의 마을을 찾아 이 나병 환자들에게 치유의 기적을 베푸신다. 당시 이들은 예수님께 가까이 가지도 못하고 멀리 서서 소리를 높이며 "우리를 불쌍히 여기소서!"라고 할 정도로 자신들의 위치를 잘 알고 있었다.

그러나 예수님께서 베푸신 놀라운 치유의 능력을 체험한 아홉 명의 나병 환자들은 주님께 감사의 마음을 전하지 않았다. 각자 제 삶의 자리로 돌아갔을 뿐, 예수님께 나아와 감사를 드린 건 오직 한 사람의 사마리아인뿐이었다.

멀리 서서 함께 외치던 열 명의 나병 환자들 중 예수님의 발 앞에 엎드려 진정한 감사를 올린 유일한 사마리아인의 모습을 기억해야 한다.

"예수께서 예루살렘으로 가실 때에 사마리아와 갈릴리 사이로 지나가시다가 한 마을에 들어가시니 나병 환자 열 명이 예수를 만나 멀리 서서 소리를 높여 이르되 예수 선생님이여 우리를 불쌍히 여기소서 하거늘 보시고 이르시되 가서 제사장들에게 너희 몸을 보이라 하셨더니 그들이 가다가 깨끗함을 받은지라 그 중의 한 사람이 자기가 나은 것을 보고 큰 소리로 하나님께 영광을 돌리며 돌아와 예수의 발아래에 엎드리어 감사하니 그는 사마리아 사람이라 예수께서 대답하여 이르시되 열 사람이 다 깨끗함을 받지 아니하였느냐 그 아홉은 어디 있느냐 이 이방인 외에는 하나님께 영광을 돌리러 돌아온 자가 없느냐 하시고 그에게 이르시되 일어나 가라 네 믿음이 너를 구원하였느니라 하시더라"(눅 17:11-19).

▲ 누가복음에 등장하는 열 명의 나병 환자 중 아홉은 유대인이었으며, 한 명은 사마리아인이었다. 평소에 사마리아인을 무시하던 유대인들이었으나 병에 걸리자 이들은 동료가 된다.

아홉 명의 유대인들은 이 구원의 역사와 놀라운 병 고침의 은혜가 감사하지 않았던 것일까?

그렇지 않다. 사마리아인에게 치유의 역사가 더욱 크게 임하고, 유대인들에게 작게 임했음이 아니다. 이것은 병에 걸리기 이전, 사마리아인과 유대인들의 사회적 위치에서 기인한 까닭이다. 기존에 이미 높은 사회적 위치를 가진 유대인들은 병에서 나음을 입은 것을 그저 '원래대로 돌아간 것' 즈음으로만 생각게 된 것이고, 아프고 상한 심령을 가졌던 사마리아인은 이것을 놀라운 하나님의 은혜로 여기게 된 것이다.

결국, 예수님께서는 그에게 구원을 허락하신다. 이것이야말로 소합향이 가져온 구원이다.

"그에게 이르시되 일어나 가라 네 믿음이 너를 구원하였느니라 하시더라"(눅 17:19).

로마서 7장에서 바울은 **오호라 나는 곤고한 사람이로다 이 사망의 몸에서 누가 나를 건져내랴 우리 주 예수 그리스도로 말미암아 하나님께 감사하리로다 그런즉 내 자신이 마음으로는 하나님의 법을 육신으로는 죄의 법을 섬기노라**(롬 7:24-25)고 고백한다.

로마서를 기술할 당시의 바울은 이미 구원에 이른 자였다. 그런데 바울은 스스로 자신의 상태를 '사망의 몸'이라 칭한다.

'사망의 몸'이란 당시 로마에서 로마 시민권을 가진 여인과 간통한 노예를 사형시키던 제도를 일컫는다. 이는 간통이나 강간으로 붙잡혀 온 노예를 시체와 함께 묶어버리는 사형방식이다. 머리는 머리끼리 몸은 몸끼리 묶어 시체 동굴에 버리는 이 단순한 형벌의 무서운 점은, 한 번 묶인 밧줄이 절대 풀리지 않는다는 데 있다. 결국 잡혀 온 죄인은 산 채로 눈이 썩어가고 피부가 썩어가며 시체와 함께 죽어가게 된다.

우리 또한 죄의 줄에 한 번 묶이면 우리의 힘으로 결코 풀 수 없다. 오직 그 줄을 풀 수 있는 것이 예수 그리스도의 십자가 대속의 은혜뿐임을 믿는다면, 죄인으로 사망의 몸에 매여 있던 내가 어찌 감사하지 않을 수 있겠는가. 어찌 그 놀라운 은혜의 역사가 나를 아는 애통함으로 다가오지 않겠는가.

바울 같은 위대한 선지자조차 스스로 곤고한 사람이라고 탄식한다. 말씀대로 살아야겠다고 다짐하고, 충성하며 살아야겠다고 다짐해도 실천에 이르지 못하는 것이 우리의 모습이다.

하나님의 은혜로 인해 값없이 얻은 새 생명인데, 거룩한 삶을 살지 못한 것에 대해 애통한 적은 있었는지 돌이켜 보며 아파해야 한다.
하나님께서 주신 그 크신 은혜를 간직하고 이 상한 심령을 가지고 하나님께 나아가는 것이 바로 소합향의 은혜다. 예수 그리스도의 사랑에 감격하여 흘리는 한 방울의 눈물이야말로 하나님께서 귀하게 받으시는 거룩한 소합향의 기도다. 하나님의 뜻대로 거룩하게 살아가지 못하는 내 모습을 보며 애통함을 회복해야 한다.

나의 행위나 나의 의로움으로 인해 죄에서 벗어난 것이 아님을 우리는 안다. 나의 구원이 내 힘으로 되지 않는 일이기에 예수님께서 십자가에 달리시어 우리를 의롭게 하시고 다시 살리셨다. 하나님께서는 이 놀라운 십자가 구원의 역사를 통해 우리를 거룩한 백성으로 자녀 삼아주셨으며 왕 같은 제사장으로 세우셨다. 이 은혜를 믿고 묵상할 때 우리는 비로소 애통함을 품을 수 있게 된다. 이 애통함을 품어야 주 앞에 겸손하게 나아갈 수 있다.

"그러나 너희는 택하신 족속이요 왕 같은 제사장들이요 거룩한 나라요 그의 소유가 된 백성이니 이는 너희를 어두운 데서 불러 내어 그의 기이한 빛에 들어가게 하신 이의 아름다운 덕을 선포하게 하려 하심이라"(벧전 2:9).

우리의 구원은 오직 주 예수 그리스도로 말미암음이다.

"그러므로 이제 그리스도 예수 안에 있는 자에게는 결코 정죄함이 없나니 이는 그리스도 예수 안에 있는 생명의 성령의 법이 죄와 사망의 법에서 너를 해방하였음이라"(롬 8:1-2).

생각열기

내 기도가 하나님 나라와 영혼을 먼저 구했는가? 나의 평소 기도생활을 되돌아보자.

예수 그리스도의 십자가 은혜로 말미암아 비로소 구원에 이르렀음을 알고, 그 값을 길 없는 은혜에 감격하고 아팠던 경험이 있는가?

1. 소합향의 기도

2

나감향의 기도

1. 나의 마음을 깨뜨릴 때 우리는 아프다

홍해 바다에서 나는 조개껍데기[2]를 곱게 갈아 만드는 향품이 있다. '나감향'이라는 이 향품은, 성막의 증거궤 앞에서 태우는 지극히 거룩한 향이다.

> "그 향 얼마를 곱게 찧어 너와 만날 회막 안 증거궤 앞에 두라 이 향은 너희에게 지극히 거룩하니라"(출 30:36).

나감향의 특징은 가루가 되고 부서졌을 때 비로소 향기가 난다는 것이다. 단단한 상태에서는 그저 조개껍데기일 뿐인 것이, 깨어질 때 비로소 향이 된다는 점이 우리에게 생각할 여지를 준다.

성경에서는 이 단단한 것을 우리의 마음이라 말한다. 호세아서에서는 우리의 마음을 두고 '묵은 땅'이라 표현했다. 이 묵은 땅을 기경하고 단단한 마음을 깨뜨릴 때, 우리 또한 나감향과 같은

---

[2] 혹자는 거북의 등껍데기라 해석하기도 한다.

향이 날 수 있다.

"너희가 자기를 위하여 공의를 심고 인애를 거두리라 너희 묵은 땅을 기경하라 지금이 곧 여호와를 찾을 때니 마침내 여호와께서 오사 공의를 비처럼 너희에게 내리시리라"(호 10:12).

사도 요한은 요한복음에서 예수님은 말씀이시고, 말씀은 하나님이시며, 그 안에 생명과 빛이 있다고 말한다. 그런데 왜 이 말씀이 사람의 심령에 떨어지지 못하는가? 이는 사람의 마음이 완고하고 단단한 상태이기 때문이다.

"태초에 말씀이 계시니라 이 말씀이 하나님과 함께 계셨으니 이 말씀은 곧 하나님이시라 그가 태초에 하나님과 함께 계셨고 만물이 그로 말미암아 지은 바 되었으니 하나도 그가 없이는 된 것이 없느니라 그 안에 생명이 있었으니 이 생명은 사람들의 빛이라"(요 1:1-4).

우리는 모두 왕 같은 제사장으로 부름을 받았다. 우리가 거듭났으며 하나님의 백성이 되었다고 말하는데, 우리가 좋은 그리스도인이 되지 못하는 까닭은 우리 마음이 더 이상 깨지지 않기 때문이다.

우리 기존의 단단한 마음이 깨져 구원을 얻었으나, 더 잘게 부서지지 못하는 완고한 마음이 결국 우리를 좋은 그리스도인이 되지 못하게 막고 있다. 계속 우리 마음을 깨뜨려 나아가야 하는데, 그렇지 못하는 우리의 기도에는 향기가 나지 않는다.

▲ 나감향은 조개류의 단단한 껍데기를 깨뜨리고 곱게 갈아 만드는 향품이다. 단단한 상태에 머무르는 조개껍데기에서는 그 어떤 향도 찾을 수 없으나, 잘게 부서지고 곱게 갈아졌을 때 비로소 아름다운 향이 났다.

출애굽기에서는 **내가 바로의 마음을 완악하게 하고 내 표징과 내 이적을 애굽 땅에서 많이 행할 것이나**(출 7:3)라며, 바로의 마음을 '완악한 마음'이라 표현한다. 또 13절에서도 **그러나 바로의 마음이 완악하여 그들의 말을 듣지 아니하니 여호와의 말씀과 같더라**(출 7:13)며, 다시 한 번 완악한 마음의 상태를 표현하고 있다.

출애굽기에서는 하나님께서 애굽에 내린 열 가지 재앙이 묘사된다. 나일강이 피로 변하고, 개구리 재앙을 겪고, 이와 파리 떼가 창궐함은 물론 가축에 전염병이 돌기도 한다. 또 악성 종기와 우박, 메뚜기 떼와 흑암이 애굽 땅을 덮기까지 한다. **모세와 아론이 이 모든 기적을 바로 앞에서 행하였으나 여호와께서 바로의 마음을 완악하게 하셨으므로 그가 이스라엘 자손을 그 나라에서 보내지 아니하였더라(출 11:10)**는 말씀처럼, 바로의 완악하고 단단한 마음의 상태가 애굽 땅에 찾아온 수많은 재앙의 원인이 되었다.

여기에서 주목할 만한 구절이 있다. 그것은 바로의 마음 상태다. 수차례의 재앙 가운데에서 바로는 스스로 완강한 마음을 가졌다.

> "그러나 바로가 이때에도 그의 마음을 완강하게 하여 그 백성을 보내지 아니하였더라"(출 8:32).

그러나 어떠한 표적 앞에서도 마음밭이 깨어지지 않는 바로의 모습을 보시고, 하나님께서는 바로의 마음을 완악하게 하셨다.

> "그러나 여호와께서 바로의 마음을 완악하게 하셨으므로 그들의 말을 듣지 아니하였으니 여호와께서 모세에게 말씀하심과 같더라"(출 9:12).

스스로 마음을 완악하게 먹는 것과 하나님께서 나의 마음을 완악케 하시는 것의 차이를 알아야 한다.

우리 스스로 낙감향의 상태로 완고한 마음을 붙들고 있게 된다면, 결국 하나님께서는 바로처럼 그 마음을 단단하게 만드실지 모른다.

> 로마서에서는 "그러므로 하나님께서 그들을 마음의 정욕대로 더러움에 내버려 두사 그들의 몸을 서로 욕되게 하게 하셨으니"(롬 1:24)라며 하나님의 무서운 심판을 이야기한다. 로마서에 따르면, 하나님의 가장 큰 진노는 심판하심이 아닌 바로 왕과 같이 '내버려두심'이다.

누구든지 예수님을 믿으면 구원을 얻는다. 우리 죄와 불법에 대한 값으로 예수님이 십자가를 지셨기 때문이다. 나를 대신해 십자가에 달리신 그의 이름을 부르는 자는 누구든지 구원에 이를 수 있다. 이는 결국 생명의 법이 되신 예수님을 믿는 자는 '누구든지' 구원에 이른다고 하나님께서 약속하신 것이다.

"누구든지 주의 이름을 부르는 자는 구원을 받으리라"(롬 10:13).

지금도 세계 곳곳에 각종 전염병이 창궐하고 있다. 사스와 메

르스, 조류독감은 물론 코로나19라는 신종 폐렴이 전 세계를 폭풍처럼 휩쓸었다. 하나님의 이러한 표적 가운데서도 사람들의 마음은 여전히 완악하다. 요한계시록에서는 **아픈 것과 종기로 말미암아 하늘의 하나님을 비방하고 그들의 행위를 회개하지 아니하더라(계 16:11)**며 종말의 때를 말한다.

말세의 세상 가운데에서 사랑을 찾기는 매우 요원3)하다.
사도 바울이 디모데후서에서 **사람들이 자기를 사랑하며 돈을 사랑하며 자랑하며 교만하며 비방하며 부모를 거역하며 감사하지 아니하며 거룩하지 아니하며 무정하며 원통함을 풀지 아니하며 모함하며 절제하지 못하며 사나우며 선한 것을 좋아하지 아니하며 배신하며 자만하며 쾌락을 사랑하기를 하나님 사랑하는 것보다 더하며(딤후 3:2-4)**라고 한 이야기는 결코 불신자들의 이야기만이 아니라, 우리에게도 적용되는 말씀이다.

사랑을 회복해야 한다. 잃어버린 영혼에 대한 사랑을 회복해야 하며, 하나님과의 관계에서 사랑을 회복해야 한다. 결국 이 세상

---

3) 요원(遙遠)하다. (형). 까마득히 멀다. 아득히 멀다.

이 강퍅해지고 완고해지는 까닭은 우리의 탓일지 모른다. 성도가 깨어지지 않고 그리스도인이라 자부하는 자들의 마음이 깨어지지 않는다면 교회는 사랑이 회복될 수 없다.

우리는 잃어버린 영혼들을 위해 나를 깨뜨려야 한다.
마음을 깨뜨리기 위해서는 신앙생활의 모델을 설정해야 한다. 그리고 그 유일한 모델은 오직 예수 그리스도시다.

세상 사람들은 아직 예수님께서 베푸신 그 크신 구원의 은혜를 체험하고 감격하지 못한 이들이다. 베드로는 이르되, **너희 마음에 그리스도를 주로 삼아 거룩하게 하고 너희 속에 있는 소망에 관한 이유를 묻는 자에게는 대답할 것을 항상 준비하되 온유와 두려움으로 하고(벧전 3:15)**라고 말한다.

그런데 우리가 말씀을 배우지 않고 실천하지 않는다면, 소망에 관해 묻는 이들에게 그리스도를 전할 수 없다.

완고한 마음이 깨지고 틈이 생길 때 비로소 말씀이 내 안에서 역사하신다. 우리 마음이 이렇게 단단한데 어떻게 말씀이 우리 가운데 들어오며, 어떻게 그 말씀을 전할 수 있겠는가. 말씀이 내 삶 가운데 존재로 나타나기를 원하면서도 나의 마음에 말씀이 심기지 못한 상태에서 어떻게 삶 가운데 말씀을 존재로 드러낼 수 있겠는가.

우리가 타인에게 줄 수 있는 가장 큰 것은, 마음이 가난한 자에게 복음을 전하는 것이다. 돈은 누구나 줄 수 있으나, 복음은 오직 그리스도의 사람만이 줄 수 있다.

우리의 마음이 깨어지지 않는 상태에 머물러 그 은혜를 전하지 않는다면, 세상 사람들은 하나님의 놀라운 역사를 경험하고 싶어도 할 수가 없다.

베드로 사도는 예수 그리스도에 대해 온유와 두려움으로 대답할 말을 준비하라고 한다. 그런데 마음밭이 깨어지지 않은 우리의 마음 상태에서는 결코 이 말씀을 준비할 수 없다. 잃어버린 영혼들에 대한 사랑을 마음속에 품어야 한다. 예수님을 모르던 과거에서 벗어나 현재의 삶이 예수님을 닮아가고 있지 못하다면 결코 세상 사람들은 우리를 보고 변화할 수 없다.

지방일간지에 기자로 재직하고 있는 조카가 있다. 어느 날 이 조카가 다른 언론사 기자들과 함께 홍보실 직원들과의 오찬 간담회를 했다고 한다. 아직까지 우리 사회에서 홍보실 직원들은 기자들의 눈치를 살필 수밖에 없다.

그때 한 국장이 홍보실 신입 직원에게 술을 한 잔 건넸다. 그런데 그 신입 직원이 그 자리에서 당당하게 "제게 주(主)님은 한 분뿐입니다." 하며 술(酒)을 거절했다.

기독 사회에서 전설처럼 전해 내려오는 이야기이지만, 이를 실제로 행하는 사람을 마주한 조카에게는 신선한 충격으로 다가왔다. 상급 직원들도 기자들이 주는 술을 거절하지 못하는데, 당당히 종교적 신념을 밝히며 술을 거절하는 신입 직원의 패기 있는 모습에 그 자리에 모인 모두가 오히려 칭찬을 건넸다고 한다.

'사회생활이니까, 술 한 잔 정도야'라며 그 술을 받았을 수도 있다. 어쩌면 이 일로 인해 인사고과에 불이익을 얻을 수 있고, 앙심을 품은 기자가 나쁘게 글을 쓸 수도 있다. 그러나 그 신입 직원은 나감향을 택했다. 자신의 사회생활을 조금 내려놓고 그 자리에서 하나님을 택한 것이다. 그리고 그 모습은 그 자리에 있던 이들에게 크리스천의 좋은 본이 되었다.

요한계시록에서는 종말의 수많은 징조와 재앙들이 찾아옴에도 사람들이 회개하고 하나님 앞에 나아가지 않는다. 이는 그 땅에 있던 수많은 신자가 그리스도인으로서의 모습을 통하여 살아 계신 하나님을 보이지 못했고, 사람들에게 감동을 주지 못했기 때문이다.

말세에 사랑이 식고, 자기 자신만 사랑하며 부모를 거역하고 하나님을 사랑하지 않는 모습이 바로 이들의 모습이었다. 말로는 예수님을 믿는다 하면서 행동은 예수님과 동떨어진 삶을 사는 사람, 요한계시록에 묘사된 이 모습이 오늘날 우리의 모습일 수도 있다.

말과 행함이 진실한 삶을 드러내는 참 크리스천이 되어야 한다. 이것이 선행될 때 비로소 믿지 않는 세상 사람들의 마음이 깨져가게 된다. 세상 사람들의 마음을 깨뜨리기 위해서 우리는 먼저 우리 마음을 깨뜨려 그리스도의 향기를 내어야 한다.

베드로전서에서는 **너희가 음란과 정욕과 술취함과 방탕과 향락과 무법한 우상 숭배를 하여 이방인의 뜻을 따라 행한 것은 지나간 때로 족하도다(벧전 4:3)**라고 하고 있다. 우리가 계속 세상의 것을 좇고, 이방인의 뜻을 따라 행한다면 결국 우리 모습으로 인해 전도의 길이 막히게 된다.

우리는 예수 십자가의 공로를 통해 어떠한 삶을 살아왔든지, 앞으로 어떤 삶을 살아가든지 다 용서받는 주의 자녀가 되었다. 하나님은 이전의 일을 다시는 기억하지 않으신다. 그러나 하나님의 은혜를 입은 자라고 하여 이전의 삶을 버리지 못하고 살아간다면, 내 모습이 하나님의 영광을 가리게 되고, 내 주변에 복음의 문을 가리게 된다.

이전의 삶을 변화시킬 때에는 필연적으로 통증이 수반된다. 평생 운동 한 번 하지 않던 사람의 근육이 등산 후에 비명을 지르는 것과 같은 이치다.

악습과 악행들은 너무나 익숙하여 몸과 마음이 편안할 수 있다. 특히 이 방탕한 생활들이 이미 나의 습관이 되었다면 이것을 깨뜨리는 일은 더욱 녹록지 않다. 그럼에도 우리는 나감향을 떠올려야 한다. 우리가 이 모든 세상적인 악습에서 벗어날 때, 그리하여 우리가 아플 때, 우리는 깨어지고 비로소 나감향의 향기를 세상 가운데 풍길 수 있다.

내 삶의 모델을 예수 그리스도로 설정해 그를 닮고자 몸부림치는 모습이야말로 나감향의 참모습이다. 내가 예수님을 닮아가고자 할 때, 내가 예수님을 따라갈 때 비로소 내 생활들이 하나씩 깨어지는 것을 스스로 느끼게 될 것이다.

주일학교 교사로 섬기고 있는 한 선배가 있었다. 참 신실한 그 선배의 모습은 교회 내에서 모범이 되었고 아이나 어른 할 것 없이 모두가 그 선배를 좋아했다. 그러나 그 선배에게는 세상적인 흠이 한 가지 있었다. 그것은 담배를 끊지 못하는 것이었다.

어느 날 이 선배가 버스를 기다리며 담배를 피우고 있었는데, 자신을 바라보는 강렬한 시선의 힘을 느꼈다고 한다. 시선을 따라가 보니, 선배가 가르치는 주일학교 학생 하나가 버스 창에서 선배를 뚫어져라 바라보고 있었다. 선배는 그날 이후 단번에 담배를 끊었다.

분명 담배를 끊는 것은 엄청난 인내와 노력을 수반하는 행위다. 그러나 그 선배는 하늘나라를 위하여 나감향의 아픔을 결단했고, 너무나 익숙했던 니코틴의 유혹과 결별했다.

우리에겐 담배를 피울 자유, 방탕하게 살 자유도 있다. 그러나 사도 바울은 우리의 자유가 약한 자들의 유혹이 되지 않도록 조심하라고 권고한다.

> "그런즉 너희의 자유가 믿음이 약한 자들에게 걸려 넘어지게 하는 것이 되지 않도록 조심하라"(고전 8:9)

나아가 그는 음식이 형제를 실족케 한다면, 영원히 고기를 먹지 않겠다는 각오까지 내비친다.

> "그러므로 만일 음식이 내 형제를 실족하게 한다면 나는 영원히 고기를 먹지 아니하여 내 형제를 실족하지 않게 하리라"(고전 8:13).

우리에겐 그리스도인의 이미지가 있어야 한다. "저 사람을 보면 나도 저 사람이 믿는 예수님을 믿어보고 싶다."라는 고백이 우리 주변인들에게 자연스레 나와야 한다. 성경에서는 예수님을 닮아가고 본받으라고 끊임없이 말한다. 나는 나약한 죄인이기에 그를 닮아가려고 노력할 때 비로소 우리는 깨지게 된다.

예수님을 따라가는 삶을 살아야 구원을 받는 것이 아니라, 구원을 받았기 때문에 우리는 예수님을 따라가는 삶을 살아야 한다. 예수님은 우리 삶의 푯대이다.

사람은 한 번 경험하고 체험한 것을 잊을 수 없다. 특히 강렬한 쾌감을 주는 것들은 더욱 우리의 뇌리에 깊게 박혀 빠지지 않는다. 담배나 술은 끊는 것이 아니라 평생 절제하는 것이다. 그렇기에 우리는 절제할 수 있게 해달라고 성령의 은혜를 간구하며 끊임없이 나감향을 부르짖어야 한다.

바울의 고백을 떠올려야 한다. 바울은 **내가 모든 사람에게서 자유로우나 스스로 모든 사람에게 종이 된 것은 더 많은 사람을 얻고자 함이라**(고전 9:19)고 고백한다. 바울조차 세상에 선한 영향력을 미치기 위해 스스로 그리스도의 종을 자처한다. 우리가 예수님을 본받아 나아가듯 세상이 우리를 본받을 수 있는 삶을 간구해야 하는 이유다.

쉬고 싶은 마음에 주일성수에 게으른 이가 있다고 하자. 그 게으름을 깨고 예수님께 나아가는 것이야말로 삶을 드리는 나감향의 기도다.

교회는 그리스도의 몸이다. 우리는 그리스도의 몸을 세우기 위해 부르심을 받은 하나님의 자녀들이다. 우리는 아름다운 복음을 전하기 위해 부름받은 자들이기에 더욱 나감향을 구하는 기도를 간구해야 한다. 나를 깨뜨리는 결단과 아픔, 주께 가까이 다가가는 내 삶의 모습을 추구할 때 하나님은 비로소 우리를 향기로운 제물로 받으신다.

"그러므로 형제들아 내가 하나님의 모든 자비하심으로 너희를 권하노니 너희 몸을 하나님이 기뻐하시는 거룩한 산 제물로 드리라 이는 너희가 드릴 영적 예배니라"(롬 12:1).

2. 우리의 굳은 신념을 깨뜨려야 한다

"네가 낮아져서 땅에서 말하며 네 말소리가 나직이 티끌에서 날 것이라 네 목소리가 신접한 자의 목소리 같이 땅에서 나며 네 말소리가 티끌에서 지껄이리라 그럴지라도 네 대적의 무리는 세미한 티끌 같겠고 강포한 자의 무리는 날려 가는 겨 같으리니 그 일이 순식간에 갑자기 일어날 것이라 만군의 여호와께서 우레와 지진과 큰 소리와 회오리바람과 폭풍과 맹렬한 불꽃으로 그들을 징벌하실 것인즉 아리엘을 치는 열방의 무리 곧 아리엘과 그 요새를 쳐서 그를 곤고하게 하는 모든 자는 꿈 같이, 밤의 환상 같이 되리니 주린 자가 꿈에 먹었을지라도 깨면 그 속은 여전히 비고 목마른 자가 꿈에 마셨을지라도 깨면 곤비하며 그 속에 갈증이 있는 것 같이 시온 산을 치는 열방의 무리가 그와 같으리라 입술로는 공경하나 마음은 떠났다 너희는 놀라고 놀라라 너희는 맹인이 되고 맹인이 되라 그들의 취함이 포도주로 말미암음이 아니며 그들의 비틀거림이 독주로 말미암음이 아니니라 대저 여호와께서 깊이 잠들게 하는 영을 너희에게 부어 주사 너희의 눈을 감기셨음이니 그가 선지자들과 너희의 지도자인 선견자들을 덮으셨음이라 그러므로 모든 계시가 너희에게는 봉한 책의 말처럼 되었으니 그것을 글 아는 자에게 주며 이르기를 그대에게 청하노니 이를 읽으라 하면 그가 대답하기를 그것이 봉해졌으니 나는 못 읽겠노라 할 것이요 또 그 책을 글 모르는 자에게 주며 이르기를 그대에게 청하노니 이를 읽으라 하면 그가 대답하기를 나는 글을 모른다 할 것이니라 주께서 이르시되 이 백성이 입으로는 나를 가까이하며 입술로는 나를 공경하나 그들의 마음은 내게서 멀리 떠났나니 그들이 나를 경외함은 사람의 계명으로 가르침을 받았을 뿐이라 그러므로 내가 이 백성 중에 기이한 일 곧 기이하고 가장 기이한 일을 다시 행하리니 그들 중에서 지혜자의 지혜가 없어지고 명철자의 총명이 가려지리라"(사 29:4-14).

이사야서 29장에서 하나님은 '깊이 잠들게 하는 영'을 부으사 선지자들과 선견자들을 덮으셨다. 여호와는 이러한 영을 통해 술을 마시지 않은 자들도 술 취하게 하시고, 맹인이 되게 하신다.

"대저 여호와께서 깊이 잠들게 하는 영을 너희에게 부어 주사 너희의 눈을 감기셨음이니 그가 선지자들과 너희의 지도자인 선견자들을 덮으셨음이라"(사 29:10).

고린도후서에도 성경은 세상의 신에 대해 경계한다.

"그중에 세상의 신이 믿지 아니하는 자들의 마음을 혼미하게 하여 그리스도의 영광의 복음의 광채가 비치지 못하게 함이니 그리스도는 하나님의 형상이니라"(고후 4:4).

전설의 고향이나 토요미스터리극장에서 나오는 귀신이 무서운 것이 아니다. 정말 우리가 두려워하고 경계해야 할 악한 영은, 우리를 잠들게 하는 영이고 우리 생각을 틈타 성경을 덮게 하는 귀신이다.

우리는 구원의 확신으로 이 세상을 살아간다. 그러나 구원의 확신이 있다고 하여 이 세상 신이 우리를 잡지 못한다고 생각하는 것은 대단히 위험할지 모른다. 사탄이 가룟 유다의 마음과 생각에 예수님을 팔려는 생각을 넣은 것처럼, 귀신은 사람의 생각에 틈타며 사람의 마음을 통해 역사한다.

성령님은 믿는 자들과 함께 계신다고 성경은 기록하고 있다. 우리에게 말씀을 가르치고, 우리 생각 가운데 중심을 잡아주시는 분이 성령님이다. 그러나 세상 신은 쉴 새 없이 우리의 마음을 틈타고 우리 마음을 덮어 성경을 보아도 깨닫지 못하게 만든다.

> 세상신이란?
> 세상신은 미혹하는 영과 귀신의 가르침을 뜻한다.
> 결국 세상신이란 성경의 지식이 아닌 세상의 지식을 통해 역사하는 영을 뜻한다. 이것이 귀신의 가르침인 것이다.
> 그러나 성령이 밝히 말씀하시기를 후일에 어떤 사람들이 믿음에서 떠나 미혹하는 영과 귀신의 가르침을 따르리라 하셨으니(딤전 4:1).

내가 지혜가 부족하여 성경을 이해하지 못하는가?
내 지식이 없어 성경을 알지 못하는가?
내가 글을 몰라 성경을 읽지 못하는가?
그렇지 않다. 이 세상 신이 우리의 마음을 덮고 있기에 깨닫지 못하는 것이다.

성령은 우리에게 지혜와 총명을 허락하셨다. 그러나 우리는 하나님의 말씀을 사람의 지식과 계명으로 해석하곤 한다. 성령의 은혜로 말씀을 받지 않고, 말씀을 우리의 신념으로 해석하려 할 때 성령의 지혜와 총명이 가려진다.

이사야서 29장 13절을 보면, 사람의 지식으로 하나님을 배운 자, 사람의 계명으로 하나님을 아는 자, 사람의 배움과 계명을 신념으로 품는 자에게는 성령이 주시는 지혜와 총명이 떠나간다. 우리는 우리의 습관화된 고집을 하나하나 깨뜨릴 용기가 필요하다.

우리는 굳은 신념을 깨뜨려 나감향의 향을 올려드려야 한다.

우리의 생활을 깨뜨려 나감향의 기도를 올려야 하는 것처럼, 우리가 깨뜨리고 또 잘게 부숴야 할 것은 우리 가운데 들어온 세상 지식이고, 우리 안에 자리잡은 고집과 신념, 그리고 잘못된 성경 지식이다.

✳ 세상 지식을 성경보다 높이는 마음을 깨뜨려야 한다

우리는 모든 성경이 온전히 하나님의 감동으로 이루어졌음을 믿는다. 그 때문에 성경은 교훈과 책망과 바르게 함과 의로 교육하기에 유익함을 함께 믿을 수 있다.

> "모든 성경은 하나님의 감동으로 된 것으로 교훈과 책망과 바르게 함과 의로 교육하기에 유익하니"(딤후 3:16).

그러나 가끔 우리는 세상의 많은 학문들에 매료된다. 훌륭한 지식인들과 강사들이 저술한 수많은 서적 등의 가르침은 너무나 달콤하고 그럴듯하다. 하지만 자기의 유익을 위해 읽기 시작한 책을 통해 정작 성경이 멀어지고 있지는 않은지 되돌아보아야 한다.

성경보다 세상 지식을 크게 여기는 자들에게 성경은 멀어진다.

많은 세상 지식으로 나의 지혜와 지식이 충만해졌다고 여기게 된 이들에게는 자의식이 생긴다. "나 스스로 많이 안다"는 자의식이다. 이는 결코 바른 신앙인의 모습으로 여길 수 없다. 우리가 다양한 서적을 통해 지식을 얻을수록 말씀은 추상적으로 변한다. 기도도 추상적으로 변하며 궁극적으로 하나님의 사랑조차 추상적으로 여겨지게 된다.

결코 세상 지식이 잘못되었음을 주장하는 것이 아니다. 성경보다 세상 지식을 높이는 그릇된 습관을 깨뜨려야 한다는 것이다. 복음에 대한 최우선순위는 반드시 성경에 두어야 한다.

✱ 성경을 멀리하는 습관을 깨뜨려야 한다

우리는 하나님의 뜻을 구하기 위해 날마다 고민한다.
하나님의 뜻을 알기 위해 기도에 매달리는 이들이 있다. 물론 하나님은 기도로 응답하시고 그 마음 가운데 감동을 허락하신다. 그러나 하나님의 응답을 받고 하나님의 감동을 얻은 이들 중 끝까지 그 뜻에 순종하는 사람은 많지 않다. 사람은 연약하기 때문이다.

문제는 여기에 그치지 않고 이 시대의 예언자를 찾아다니는 이들에게 있다. 기막히게 예언 기도를 하신다는 목사님이나 권사님을 찾아다니고 그들의 입을 통해 응답을 구한다.

"주 여호와의 말씀에 본 것이 없이 자기 심령을 따라 예언하는 어리석은 선지자에게 화가 있을진저"(겔 13:3).

"어떤 사람이 너희에게 말하기를 주절거리며 속살거리는 신접한 자와 마술사에게 물으라 하거든 백성이 자기 하나님께 구할 것이 아니냐 산 자를 위하여 죽은 자에게 구하겠느냐 하라 마땅히 율법과 증거의 말씀을 따를지니 그들이 말하는 바가 이 말씀에 맞지 아니하면 그들이 정녕 아침 빛을 보지 못하고"(사 8:19-20).

그러나 우리가 정말 매달려야 할 대상은 거룩한 하나님의 말씀이다. 우리가 예언자들의 입을 좇고 있다면, 이사야서에서 경고한 세상 신이 나를 덮고 있는지도 모른다.

용한 꿈과 신통한 예언 기도에는 신령과 진정이 빠져 있음은 물론, 말씀에서도 벗어나 있다. 사람이 보기에는 신령해 보이나 하나님께서는 그러한 자들을 기뻐하지 않으신다.

하나님께서는 꿈이나 예언을 전하는 사람을 종으로 세우지 않으셨으며, 오직 말씀의 종을 세우셔서 사용하신다는 사실을 기억해야 한다.

우리의 인생과 신앙을 책임질 분은 오직 하나님 한 분이시다. 우리가 성경을 멀리하고 시대의 예언자를 찾고 따라다닐 때 깊이 잠들게 하는 신이 우리를 하나님의 뜻에서 멀어지게 한다. 우리는 이런 습관을 함께 깨뜨려야 한다.

예언에 대한 자세한 내용은 5장 소금의 기도에서 다루고자 한다.

우리는 바른 예언을 사모해야 한다.

✻ 그릇된 지식을 깨뜨릴 용기와 결단이 있어야 한다

우리는 물론 잘못된 지식을 가질 수 있다. 가르치는 강사의 잘못으로 잘못된 지식을 얻었을 수 있고, 배우는 방법이 잘못되어 옳지 않은 길로 걸어가고 있을 수도 있다.

무엇보다 중요한 것은 그 잘못을 인지하고 인정하는 순간, 그것들을 깨뜨릴 수 있는 용기이다.

잘못된 지식을 품고 있는 사람들이 생각보다 많이 있다. 하나님께서는 구원받은 우리의 모든 죄와 불법을 결코 기억하지 아니하신다. 과거와 현재, 미래의 모든 죄를 어린양의 피로 사하시고 휘장을 찢어 임마누엘로 함께 하시겠다고 약속하신 분이 만군의 하나님이시다.

그러나 여전히 조상의 죄를 회개해야 한다고 가르치는 자와 그것을 따르는 자들이 많다.

> "또 여호와의 말씀이 내게 임하여 이르시되 너희가 이스라엘 땅에 관한 속담에 이르기를 아버지가 신 포도를 먹었으므로 그의 아들의 이가 시다고 함은 어찌 됨이냐 주 여호와의 말씀이니라 내가 나의 삶을 두고 맹세하노니 너희가 이스라엘 가운데에서 다시는 이 속담을 쓰지 못하게 되리라 모든 영혼이 다 내게 속한지라 아버지의 영혼이 내게 속함 같이 그 아들의 영혼도 내게 속하였나니 범죄하는 그 영혼은 죽으리라"(겔 18:1-4).

예수님께서 어린양으로 오셔서 이 땅의 모든 죄를 짊어지셨을 때 그는 우리 모든 죄와 불법까지도 함께 짊어지셨다. 이제 예수님 안에 있는 자들에게는 더 이상 조상죄가 적용되지 않는다.

> "이튿날 요한이 예수께서 자기에게 나아오심을 보고 이르되 보라 세상 죄를 지고 가는 하나님의 어린 양이로다"(요 1:29).

그러나 그들은 조상죄를 회개해야 하는 이유를 설명할 때, 조상죄가 우리에게 있기 때문에 이 땅에서 후손들이 저주를 받는다고 말한다. 그래서 조상들이 지은 죄를 회개해야 축복을 받을 수 있다는 것이다.

> "그리스도께서 우리를 위하여 저주를 받은 바 되사 율법의 저주에서 우리를 속량하셨으니 기록된 바 나무에 달린 자마다 저주 아래에 있는 자라 하였음이라 이는 그리스도 예수 안에서 아브라함의 복이 이방인에게 미치게 하고 또 우리로 하여금 믿음으로 말미암아 성령의 약속을 받게 하려 함이라"(갈 3:13-14).

임마누엘 되신 하나님이 우리와 함께하심으로 우리는 믿는 자가 되었다. 하나님께서 예수 그리스도로 말미암아 이루어 놓으신 생명의 복음이 언약으로 내 안에 있다면 들어와도 복이요, 나와도 복이다. 성읍에서도 들에서도 복이다. 그리스도인은 잘못된 지식을 하나님 앞에서 깨뜨리고 주 앞에 나아갈 결단이 필요하다.

어쩌면 우리에게 말씀의 진리가 왜곡된 상태일지도 모른다. 하나님의 말씀을 들으려고도, 보려고도 인정하지도 않는 모습이 나에게 없는지 점검할 수 있어야 한다.

사람의 고집은 어린 시절부터 형성된다. '세 살 버릇이 여든 간다.'는 속담처럼, 우리의 굳은 습관과 신념은 쉽게 깨어지지 않는다. 영국의 시인 존 드라이든은 "처음에는 우리가 습관을 만들지만, 나중에는 습관이 우리를 만든다."고 이야기한다.

잘못된 삶의 습관과 지식이 하나님 앞에서 잘못되었다는 것을 인식하지 못하는 것이 모든 문제의 시작이다.

잘못 형성된 믿음의 습관, 그릇된 버릇, 나쁜 지식이 '나만의 방법'을 만들고 하나님 앞에서 그것을 고집하게 만든다. 나름대로 경건하고, 열심히 기도한다는 성도들이 오히려 나감향의 기도를 드리지 못하는 경우를 왕왕 마주하게 된다. 평생 가져왔던 우리 삶의 모양을 깨뜨리고, 잘못 형성된 지식을 깨뜨리고, 영성으로 알고 있는 그 그릇된 신념을 하나하나 깨뜨려 갈 때 비로소 하나님은 우리 기도의 향기를 기뻐 받으신다.

종교개혁 당시 외친 구호 중 하나였던 '아드 폰테스(ad fontes)'는 라틴어로 '근원으로 돌아가자'는 뜻을 담고 있다.

결국 아드 폰테스는 기독교 신앙의 근본이자 원천인 성경으로 돌아가자는 의미를 담고 있는 구호였다.

종교개혁자들은 아드 폰테스 운동을 통해 성경을 신앙의 원천으로 재정립하고 초대교회를 사모하려 했다.

우리의 생활을 깨뜨리고 우리 삶의 모양을 깨뜨리기 위해서는 성경과 더욱 가까워져야 한다. 성경에 집중해야 한다. 성경으로 돌아가야 한다.

그럼에도 성경과 가까워지지 못하는 그리스도인들의 모습이 너무나도 가슴 아픈 현실이다.

여러 사업 가운데 지독한 실패를 맛보던 이가 있었다. 계속되는 사업 실패로 인해 찾아간 기도원 원장님으로부터 사명의 길을 걸으라는 조언을 듣고 그는 신학대학원 입학을 결정했다. 기도원 원장님께서는 조상들의 죄가 많기에 사업이 실패하고, 회개치 않기에 사업이 잘 풀리지 않는 것이라고 진단했다.
그는 밤마다 조상죄를 회개한다고 했다. 그는 기도원 원장님의 말씀을 목회에도 적용하고 있었다. 조상죄를 회개하지 않고는 목회 또한 풀리지 않는다고 여긴 그는 그렇게 날마다 조상죄를 회개하고 있었다.

목회자는 배운 대로 가르치게 된다. 내가 익히고 깨달은 것들을 진리로 생각하고 하나님 앞에 나아가며 그 확고한 진리를 성도들에게 가르친다. 그릇된 생각을 품고 목회의 자리로 나아갈 때 성도들은 잘못된 길로 나아갈 수밖에 없다. 자신의 조상죄를 회개하는 목자의 양 떼는 그에게 배운 대로 조상죄를 회개하는 모습을 품게 되는 것이다.

조상죄를 기억하지 아니한다고 성경은 분명히 기록하고 있다. 그런데도 말씀은 믿지 않으면서 나의 지식을 따르고 그릇된 신념을 좇는 목회자는 결코 하나님께서 기뻐하시는 종이 될 수 없다.

하나님은 결코 우리 조상의 죄를 기억하지 않는 분이시다. **아버지는 그 자식들로 말미암아 죽임을 당하지 않을 것이요 자식들은 그 아버지로 말미암아 죽임을 당하지 않을 것이니 각 사람은 자기 죄로 말미암아 죽임을 당할 것**(신 24:16)이라는 말씀을 붙들 때다. 내 죄와 불법도 기억하지 아니하신다는 하나님께서 우리 조상의 불법으로 말미암아 우리를 정죄하실 리 없다.

예수님을 몰랐던 이들이 예수님을 영접하고 신앙의 자리로 들어오게 되면 꿈을 의지하는 경우가 많다. 성경은 어렵고 이해되지 않기에 하나님께서 꿈을 통해서라도 알려주시기를 원한다.
그러나 신명기 13장에서는 꿈꾸는 자를 죽이라고 명확하게 말씀하신다. 꿈을 의지하지 말고 생각에서 뽑아내라 하신다.

시대마다 꿈을 의지하는 이들이 많다. 예수님을 몰랐던 이들뿐 아니라, 열심히 신앙생활 한다는 이들조차 꿈을 바라고 믿고 의

지한다. 그러나 하나님이 꿈으로 역사하시는 분이라면 우리에게 성경 66권은 필요 없을지 모른다. 하나님께서 예수님을 우리에게 보내시고 성경을 허락하셨음에도 여전히 꿈을 붙들고 있는 우리 신앙의 모습이라면 재점검이 반드시 필요하다.

하나님은 말씀으로 우리와 함께하시고 천지에 충만하신 분이다. 천지에 충만하신 하나님은 꿈으로만 말씀하지 않으신다. 지금도 내 곁에서 살아 숨 쉬고 역사하시는 하나님이다.

대표적 길몽으로 여겨지는 돼지꿈이 있다. 돼지가 내 품 안으로 뛰어들고, 돼지가 새끼를 낳고, 돼지가 뛰어놀기도 한다. 어떤 꿈이든 우리나라에서의 돼지꿈은 재물과 관계된 길몽으로 여긴다.

그러나 이스라엘에서는 돼지꿈을 매우 흉한 꿈으로 여긴다. 돼지꿈을 꾸고 복권을 산다고 달려가는 이를 마주하면 의아하게 여길 것이다. 돼지를 부정하게 여긴 이스라엘 사람들은 돼지꿈을 꾸면 성전에서 정결케 하는 제사를 올릴 만큼 돼지꿈을 배척했다.

꿈이 진리라면, 이곳에서 진리로 여기는 돼지꿈은 중동에서도 진리여야 한다. 사전에서는 '진리'를 언제 어디서나 승인할 수 있는 보편타당한 법칙이나 사실이라고 정의한다. 때문에 지역마다, 사람마다 해석이 다양한 꿈은 결코 진리가 될 수 없다.

우리에게 주신 진리의 말씀은 오직 성경뿐이다. 과거에도, 지금도 진리이며 세상 끝날까지 진리일 하나님의 말씀이 바로 성경이다. 말씀은 등불이고 빛이다. 꿈을 통해 기분이 좋아질 이유도, 뒤숭숭할 이유도 없다. 꿈은 꿈으로 그쳐야 한다.

"사업하면 큰돈을 벌 사람입니다."

힘들고 가난했던 시절, 나를 가장 당황케 했던 말이다.

대부분의 전도사들이 그렇듯 힘들고 가난한 전도사 시절이 내게도 있었다. 답답한 날들을 보내던 어느 날, 평소 잘 알고 지내던 선배 전도사님이 함께 기도원에 가자고 부탁해 동행했을 때의 일이다.

기도원 집회를 마쳤을 때, 원장목사님이 예언 기도를 받고 싶은 사람들은 앞으로 나오라고 하셨다.

서로 앞다투어 목사님에게 예언을 구하는 가운데, 나는 내키지 않았지만 선배 전도사님의 강권으로 결국 예언 기도를 받았다.

나를 위해 기도하시던 목사님은 내게 "사업하면 성공해서 큰돈을 벌 사람"이라고 말했다. 게다가 내 미래에 빌딩이 몇 채나 보이고 최고급 세단까지 보인다고 덧붙였다.

그날 내가 그 예언기도에 흔들리고 그 말을 하나님의 뜻으로 받았다면, 가난했던 전도사 시절을 버리고 부유케 된다는 사업의 길을 택했을지 모른다.

그러나 내겐 하나님의 부르심과 사명이 확고했기에 그 예언을 마음에 심지 않았다.

성령을 받아 예언한다는 이들은 대부분 자기 생각의 느낌대로 예언한다. 상대를 보고 느낀 점이나 자기 머릿속의 생각, 영감을 성령이 주시는 영감으로 착각한다. 사도 바울은 사명을 가지고 사명을 위한 예언을 사모했다. 그러나 말씀에서 벗어난 예언자들은 육적인 예언만을 구할 뿐, 하나님의 뜻대로 가야 할 길에 대해서는 구하지 않는다.

신명기에서는 거짓 예언자를 경계하고 죽이라고까지 하며, 에스겔서에서는 자기 심령을 따라 예언하는 어리석은 선지자들에게 화가 있을 것이라고 경고한다.

"만일 어떤 선지자가 내가 전하라고 명령하지 아니한 말을 제 마음대로 내 이름으로 전하든지 다른 신들의 이름으로 말하면 그 선지자는 죽임을 당하리라 하셨느니라"(신 18:20).

"주 여호와의 말씀에 본 것이 없이 자기 심령을 따라 예언하는 어리석은 선지자에게 화가 있을진저"(겔 13:3).

이 시대의 예언집회를 찾는 성도들을 보면 안타깝다. 말씀의 자리로 돌아와야 한다. 우리는 성령의 이끌림에 순종하고 성경의 가르침을 우리 삶에 적용해야 한다. 성령께서는 성경으로 우리를 이끄사 우리 삶의 주인 되어주신다. 말씀을 알게 되어 말씀을 믿고 순종하고 말씀의 자리에 있는 자를 반드시 하나님께서 축복하신다.

그럼에도 우리는 잘못된 신념과 생각을 선호할 수 있다. 그릇된 예언 기도를 따르고, 꿈을 따르고, 신앙 서적을 성경보다 더 우선순위에 둔다. 이 고집과 습관이 깨어질 때 비로소 하나님께서 기뻐 받으시는 나감향의 향기가 솟아난다. 고집 있는 사람의 신념이 변화될 때 멋진 그리스도인으로 비로소 변화할 수 있다.

고린도후서의 저자인 사도 바울은 **우리의 싸우는 무기는 육신에 속한 것이 아니요 오직 어떤 견고한 진도 무너뜨리는 하나님의 능력이라 모든 이론을 무너뜨리며 하나님 아는 것을 대적하여 높아진 것을 다 무너뜨리고 모든 생각을 사로잡아 그리스도에게 복종하게 하니(고후 10:4-5)**라고 말한다. 하나님보다 높아진 마음과 생각들을 깨뜨려서 그리스도께 복종하게 하는 것이야말로 나감향의 기도다. 이 견고한 진과 모든 이론, 생각 속에서 하나님보다 높아진 잘못된 것들을 하나하나 깨뜨려 나가야 한다.

내 의가 높아지고 내 생각이 높아지면 하나님은 우리를 버리신다. 하나님은 교만한 자를 버리시고 겸손한 자를 들어 세우시는 분이다. 아무리 힘을 다해 기도한다 해도 십자가의 도보다 내 의가 높아진 기도, 성경을 인정하지 않는 추상적인 기도를 하나님께서 기뻐 받으실지 우리는 고민해야 한다. 하나님 앞에서 나의 그릇된 습관을 인정하고 깨뜨려 말씀 안에서 자유함을 만끽할 수 있어야 한다.

세상 사람들이 미련으로 치부하는 십자가의 도는 우리 안에서 능력이다.

> "십자가의 도가 멸망하는 자들에게는 미련한 것이요 구원을 받는 우리에게는 하나님의 능력이라"(고전 1:18).

십자가의 도를 믿는 믿음으로 기도하자. 십자가의 도가 가장 높아야 한다. 나감향은 가루가 되어 부서질 때 비로소 향이 난다. 덩어리진 재료는 껍데기일 뿐이고 발에 차이는 장애물일 뿐이다. 우리는 단단해진 신념과 세상 지식, 잘못된 습관을 깨뜨리는 아픔을 두려워해서는 안 된다. 우리의 기도가 이런 단단한 나를 깨뜨릴 때 아름다운 나감향의 향기가 하나님께 올려지는 것이다.

▲ 세상이 미련으로 치부하는 십자가의 도는 우리 안에서 능력이다. 십자가의 도를 믿는 믿음 위에 기도하자. 십자가의 도가 가장 높아야 한다. 나감향은 가루가 되고 부서질 때 비로소 향이 난다. 덩어리진 재료는 껍데기일 뿐이고, 발에 차이는 장애물일 뿐이다.

"그리스도께서 나를 보내심은 세례를 베풀게 하려 하심이 아니요 오직 복음을 전하게 하려 하심이로되 말의 지혜로 하지 아니함은 그리스도의 십자가가 헛되지 않게 하려 함이라 십자가의 도가 멸망하는 자들에게는 미련한 것이요 구원을 받는 우리에게는 하나님의 능력이라 기록된 바 내가 지혜 있는 자들의 지혜를 멸하고 총명한 자들의 총명을 폐하리라 하였으니"(고전 1:17-19).

생각열기

부서지고 깨질 때 비로소 아름다운 향으로 변모하는 나감향의 모습처럼 나 또한 산산이 부서질 각오를 품고 있는지 되돌아보자.

아직 내 안에 깨뜨리지 못한 세상적 단단함이 존재하는가? 그렇다면 나를 깨뜨려 나감향이 되기 위하여 어떻게 기도해야 하는가?

3

풍자향의 기도

~~ 풍자향의 기도 ~~

풍 자향4)은 땅에서 뽑은 나무의 뿌리를 잘라내 그곳에서 나오는 진액을 굳혀 만들었다.

　수지질의 고무처럼 말랑하게 굳은 풍자향은 굉장히 강하고 독특한 향을 품는데 그 자체의 향은 악취에 비견될 정도로 지독하다.
　고무를 태우는 듯한 강한 향을 내는 풍자향은 그 자체만으로는 쓰이기 어렵지만 소합향이나 나감향, 유향 등 다른 향품과 섞일 때 비로소 그 진가를 발휘한다.

　풍자향은 다른 향과 섞일 때, 향품들의 향을 더욱더 향기롭게 만들 뿐 아니라, 그들 향이 더욱 오래 지속될 수 있도록 자신을 희생하고 융합한다.

---

4) 히브리어로 헬베나(חֶלְבְּנָה)라고 하는 풍자향은, 아라비아 동쪽 해안에서 많이 서식하는 일종의 고무나무를 자를 때에 나오는 액체를 말려 이용했다. 이 향은 특히 독소를 제거하는 효능이 있어 해독제로 쓰였으며 해충을 제거하는 효능도 함께 있어 의학용으로도 사용되었다.

3. 풍자향의 기도　107

풍자향은 자신의 고약한 향은 줄이고 자신을 희생해 다른 향들과 아름답게 합쳐짐으로써 성전의 분향단에 쓰이는 향품들 중의 하나로 귀하게 사용되었다.

검찰 조사 가운데 식사메뉴로 설렁탕을 선택하는 이들은 하나같이 '심심한 맛'이라고 한다. 어떤 사람이 검찰 조사를 마치고 당시 주문했던 설렁탕집에 찾아가 설렁탕을 한 그릇 먹은 일이 있었다.
식당에서는 그렇게 맛있고 깊은 맛이 나는 설렁탕이 왜 조사실에서는 심심했을까 곱씹어 본 그가 내린 결론은 '후추'였다.

수십 시간을 끓여 낸 귀한 고기 육수 가득한 설렁탕이라 할지라도 후추 몇 꼬집이 빠지면 심심해진다. 후추를 맛있다고 털어 먹는 사람은 본 적이 없다. 자신에게는 매콤하고 알싸한 맛만 있을 뿐, 후추도 스스로 멋진 맛을 내지는 못한다. 그러나 후추라는 작은 향신료가 쳐진 요리는 훌륭한 향을 가진 일품요리가 된다. 우리나라 요리의 필수요소가 마늘이듯, 서양의 필수요소는 후추다.

이처럼 스스로는 보잘것없을지 모르나 다른 것과 합쳐질 때 비로소 아름답게 변모하는 것들이 주위에는 많다. 우리도 풍자향의 모습처럼, 뿌리를 잘라내고 융합하여 하나님께서 기뻐 받으시는 아름다운 향품으로 변해야 한다.

▲ 풍자향을 얻는 것으로 알려진 식물(Ferula gummosa)
 풍자향은 홀로 타오를 때는 고약한 냄새를 풍길 뿐이지만, 다른 향품들과 합쳐질 때 비로소 아름다운 향으로 변한다.

1. 뿌리를 잘라 합력하여 온전케 되어야 한다

리스도인은 풍자향나무처럼 이미 뿌리째 뽑힌 이들이다. 이미 거듭난 새사람이다.

그러나 바울은 에베소 서신을 통해 구원받은 성도들이 하나님으로부터 떠나 있다고 진단한다. 또 바울은 이들로 하여금 새사람을 입으라고 권면한다.

> "너희는 유혹의 욕심을 따라 썩어져 가는 구습을 따르는 옛 사람을 벗어 버리고 오직 너희의 심령이 새롭게 되어 하나님을 따라 의와 진리의 거룩함으로 지으심을 받은 새사람을 입으라"(엡 4:22-24).

바울이 성도들에게 옛 사람을 벗고 새사람을 입으라고 한 까닭은 성도들의 뿌리가 잘리지 않았기 때문이다. 분명 악한 밭에서 뽑힘을 받았음에도 그리스도를 위해 살지 않고 나를 위해 사는 모습은 흙모래 가득한 뿌리를 그대로 달고 있는 모습과 다르지 않다.

하나님은 우리 모두를 그리스도의 몸을 세우기 위해 부르셨다. 그러나 우리의 뿌리가 잘리지 않았기에 우리는 아직 향으로 쓰임 받을 수 없다.

신앙생활에 열정이 있고 많은 기도와 신비한 영적 체험을 가진 성도라 해도 스스로는 향을 발하지 못한다. 하나님께서 우리에게 영적인 축복과 물질의 은총, 건강을 허락하신 모든 이유는 오직 그리스도의 몸 된 교회를 세우기 위함이다.

그러나 그 귀한 성령의 은사와 축복을 교만으로 받아 다른 사람과 융합하지 못하는 것이 나의 모습이라면, 나의 뿌리에는 여전히 흙모래가 가득한 상태이다. 성령의 은사를 받았노라, 물질의 축복을 받았노라 외치는 자들이 공동체 위에 신앙의 이름으로 군림하고자 하는 모습을 우리 주변에서 가끔 보곤 한다. 다른 사람을 세우는 데 사용되지 않는 성도는 악취만을 풍길 뿐이다.

고린도교회의 역사는 끊임없이 분열하고 다툼이 있는 분쟁의 역사라 할 정도로 다양한 갈등이 존재했다. 이들은 어떤 지도자를 따르는지에 대한 문제로 반목했음은 물론, 우상의 제물을 먹는 문제로 싸우고 서로의 은사까지도 갈등의 씨앗이 되었다.

의아한 것은, 하나님께서는 이런 고린도교회에 넘치는 성령의 은사를 부어 주셨다는 것이다. 예언의 은사, 병 고치는 은사, 방언의 은사 등 수많은 신령한 은사가 고린도교회에 임했다.
사도 바울은 단호했다. 사람의 방언과 천사의 말보다 우선한 것, 예언하는 능력이나 모든 지식 또 산을 옮길 만한 모든 믿음보다 우선한 것, 그것이 사랑이라고 했다.

사랑이 없는 방언과 천사의 말은 소리 나는 구리나 울리는 꽹과리며, 세상 모든 지식을 알고 예언의 영이 임하였더라도 사랑이 없는 나는 아무것도 아니라는 바울의 권면을 기억해야 한다.

하나님께서 주신 은사와 물질의 축복은 나만을 위해 주신 것이 아니다. 하나님께서는 그리스도의 몸 된 교회를 세우기 위해 부르시고 축복하셨다. 그렇기에 더욱 사도 바울의 권면 즉, 사랑을 기억하고 주변과 합력하여 선을 이루어가야 한다. 하나님은 우리가 발하는 풍자향의 향을 기뻐 받으시는 분이다.

안디옥교회를 세운 5인의 지도자들은 서로 합력하고 사명을 붙들어 귀하게 쓰임 받았다. 하나님께서 성경에 그들의 이름을 일일이 기록하신 까닭은 그들이 말씀을 따라 합력하고 하나님이 원하시는 방향대로 풍자향의 모습을 따라 순종했기 때문이다.

"안디옥 교회에 선지자들과 교사들이 있으니 곧 바나바와 니게르라 하는 시므온과 구레네 사람 루기오와 분봉 왕 헤롯의 젖동생 마나엔과 및 사울이라"(행 13:1).

교단에 훌륭한 목사님 한 분이 계신다. 성도뿐 아니라 목회자 사이에서도 훌륭하다고 입을 모아 인정할 정도로 모범적 신앙인의 삶을 사는 영적 지도자시다.

그분이 시골 교회에서 목회하던 젊은 시절의 일이다.
도시 생활에만 적응된 목사님은 시골에서의 단조로운 생활에 답답함을 느끼셨다고 한다. 교회의 부흥도 더디고 재미도 없던 목사님은 어느 날 부흥회를 인도하러 간다고 성도들에게 공지하고는 훌쩍 낚시를 떠나셨다.
낚시터에 가는 길, 목사님은 우연히 들른 휴게소에서 교회의 한 권사님을 만나게 된다. 단풍놀이를 가던 그 권사님은 교회에서 인정받는 주춧돌 같은 분이셨다.
부흥회를 인도한다고 성도들에게 광고까지 하고 떠난 길에서, 낚시 복장을 갖춘 채 권사님을 마주친 목사님의 심정은 어떠했을

3. 풍자향의 기도 113

까? 목사님은 그 길로 낚시를 접고 집으로 돌아와 목회자의 길까지 내려놓고자 고민했다.

그런데 며칠 후 교회에서 목사님을 만난 권사님께서는 "목사님, 저는 아무것도 못 봤습니다."라며 목사님을 안심시켰다.
그리고 그 권사님은 목사님이 아주 큰 교회로 부임받아 가시는 그 순간까지도 그날의 일을 함구하셨다.

권사님께서 택하신 것이 풍자향이다. 목회자의 허물을 이야기해 자신을 높이고 교회에 소란을 가져올 수도 있었으나 그는 하나님 사랑으로 융합을 선택하셨다. 권사님께서는 젊은 목사님의 답답한 심정을 이해하셨고, 그분의 앞날과 교회의 평안을 위해 아름다운 풍자향의 향기를 내신 분이시다.

우리 입에서 나오는 타인의 허물은 고약한 냄새를 동반한다. 여전히 타인의 허물을 이야기하는 것이 나의 모습이라면 우리의 뿌리는 아직 잘리지 않았음을 의미한다.

누구도 허물이 없는 사람은 없다. 그러나 죄와 불법을 다시는 기억하지 않으시는 분이 우리의 하나님이신데, 그를 정죄하지 아니하시는 하나님보다 우리가 높아져 남의 허물을 정죄하곤 한다.

심판의 권세는 오직 하나님께만 있다. 우리는 남을 정죄하고 판단해서도 안 된다. 그런데도 여전히 정죄하는 모습을 품고 있는 우리라면, 뿌리가 뽑혀 나왔으나 그 뿌리가 잘리지 않았음을 인정하고 통렬히 반성해야 한다.

풍자향은 섞일 때 비로소 아름다우며 섞일 때 결국 다른 향을 풍요롭게 한다.

교회 가운데 우리의 모습도 이와 같아야 한다. 나의 기도로 그리스도의 몸 된 교회를 세워갈 때, 각 사람의 지체가 나로 말미암아 믿음으로 세워질 때 비로소 우리는 풍자향의 아름다운 향기가 된다.

교회에는 다양한 성도가 모인다. 누군가는 힘과 능력, 건강까지 있으나 봉사할 마음이 없기도 하며, 다른 누군가는 그리스도의 몸 된 교회를 위해 수고하고 애쓰려고 하나 물질과 건강이 없기도 하다. 고린도전서의 바울은 우리가 그리스도의 몸이며 지체의 한 부분이라고 강변(強辯)한다.

> "만일 한 지체가 고통을 받으면 모든 지체가 함께 고통을 받고 한 지체가 영광을 얻으면 모든 지체가 함께 즐거워하느니라 너희는 그리스도의 몸이요 지체의 각 부분이라"(고전 12:26-27).

우리 주 하나님께서 우리에게 주신 수많은 건강과 은사와 물질의 복은 오직 그리스도의 몸 된 교회를 세우기 위해 허락하신 것이다. 각 사람의 은사와 재능으로 합력하여 풍자향의 향품으로 나아가야 한다.

돌아가시기 직전에 예수님을 영접한 분이 계신다. 조금만 더 일찍 예수님을 알았더라면, 예수님을 위해 살았을 것이라던 그의 마지막 고백이 떠오른다.

오늘이 내 인생의 남은 날 중 가장 젊은 날이다. 우리는 오늘부터 합력하여 주를 섬기는 마음을 회복해야 한다. 나를 통해 그리스도의 몸 된 교회가 회복되는 역사를 만들어가야 한다. 하나님은 결코 일하는 자를 외면치 아니하신다. 먼저 하나님 나라와 의를 위해 사는 자가 되어야 한다.

우리가 합력하지 않고는 결코 선을 이룰 수 없다.

> "우리가 알거니와 하나님을 사랑하는 자 곧 그의 뜻대로 부르심을 입은 자들에게는 모든 것이 합력하여 선을 이루느니라"(롬 8:28).

세상에서는 다른 사람을 밟고 일어서는 것이 당연할지 모르나 교회 안에서 우리는 낮은 자가 되어야 한다. 세상의 건축가들이던 바리새인들과 대제사장들은 하나님께서 세우신 모퉁잇돌 예수님을 버렸을지 모르나, 하나님께서는 그 돌을 세워 머릿돌로 삼으셨다. 모든 건축의 기초인 낮은 자리로 예수님을 세우신 것이다.

> "성경에 기록되었으되 보라 내가 택한 보배로운 모퉁잇돌을 시온에 두노니 그를 믿는 자는 부끄러움을 당하지 아니하리라 하였으니 그러므로 믿는 너희에게는 보배이나 믿지 아니하는 자에게는 건축자들이 버린 그 돌이 모퉁이의 머릿돌이 되고"(벧전 2:6-7).

우리 또한 교회 안에서 다른 성도들을 위한 모퉁잇돌, 디딤돌이 되어야 한다. 이러한 낮은 자세는 세상이 결코 흉내 낼 수 없는 놀라운 은혜의 역사다.

화합을 통해 그리스도의 몸을 세우는 것이 풍자향의 기도라면, 그 방법은 관계에서 비롯된다. 갈라디아서에서는 형제들의 범죄가 드러났을 때 나도 그런 자가 될 수 있음을 떠올리라고 권면한다. 세상 누구도 허물이 없는 자가 없다. 나 또한 부족하고 연약한 자임을 주지(周知)해야 한다.

> "형제들아 사람이 만일 무슨 범죄한 일이 드러나거든 신령한 너희는 온유한 심령으로 그러한 자를 바로잡고 너 자신을 살펴보아 너도 시험을 받을까 두려워하라"(갈 6:1).

한강의 기적을 이룬 지금의 대한민국은 눈부시게 성장했다. 서방 국가들이 수백 년에 걸쳐 이룬 발전상을 50년도 안 되는 짧은 기간에 이룩했으며 1960년 3,282만 달러에 그치던 수출 실적은 2018년도에 6,000억 달러를 돌파하며 2만 배에 가까운 천문학적 성장을 기록했다.

이 과정에서 한국 기독교도 함께 가파른 성장세를 누렸다. 기독교 역사상 유례가 없을 만큼 많은 말씀 사역자들을 배출하기 시작한 대한민국은 목회자 수 10만 명 이상을 헤아리는 나라가 되었다.

몇 해 전 문화체육관광부에서 공식적으로 발표한 '한국인의 종교 현황'에 따르면 개신교 교단은 전체 374개에 달했으며, 목회자 수는 10만 7,676명에 이르렀다.

기독교 역사상 주의 종이 이렇게 많이 배출된 시기가 없었다. 유럽 역사에서도 찾아볼 수 없을 정도의 성세를 누리고 있다.

목회자가 많이 배출되는 것을 부정적으로 보는 시각이 있고, 또 반대로 긍정적으로 말씀하시는 분들도 계신다. 그러나 중요한 것은 목회자가 많고 적음이 아닌 목회자가 어떤 사명을 가지고 사역을 해야 하는가이다.

하나님께서는 하나님 나라와 그리스도의 몸 된 교회를 세우시기 위해 목회자를 세우신다. 하나님께서는 성도를 온전케 하기 위해, 진리의 말씀으로 화합하기 위해 말씀 사역자를 쓰신다. 목회자는 결코 직업으로 하는 것이 아니다. 성도를 온전케 세우는 것은 온전한 자만이 할 수 있다. 그 온전케 세우는 일을 맡기기 위해 하나님께서는 목회자를 세우신다.

> "그가 어떤 사람은 사도로, 어떤 사람은 선지자로, 어떤 사람은 복음 전하는 자로, 어떤 사람은 목사와 교사로 삼으셨으니 이는 성도를 온전하게 하여 봉사의 일을 하게 하며 그리스도의 몸을 세우려 하심이라"(엡 4:11-12).

온전한 자만이 성도를 세우고 그들을 보필하며 풍자향의 기도로 아름다운 그리스도의 몸 된 교회를 건강하게 세울 수 있다.

우리는 그리스도의 몸 된 교회를 건강하게 세우기 위하여 목회자와 성도들이 합력하여 선을 이루는 풍자향의 모습을 간직해야 한다.

우리는 세상에서 땀 흘리고 애쓰는 수고를 감내한다. 직장 동료들과 친해지기 위해, 사회의 인간관계를 위해 애쓰기도 한다. 그러나 그런 우리는 그리스도의 몸 된 교회를 위해 무엇을 노력하고 애썼는가? 우리는 성도들의 신앙을 높여주고, 화합하여 풍자향이 되기 위해 악취가 아닌 아름다운 향기를 발하는 성도가 되어야 한다.

우리가 풍자향이 되기 위한 온전한 노력과 수고를 결코 남이 알아주길 바라서는 안 된다.

목사님과 성도들이 알아주길 원해서도 안 된다. 그러나 그 노력과 수고, 온전한 마음을 하나님께서는 아신다. 그 장성한 그리스도의 분량을 견뎌 풍자향이 되는 우리 모습을 하나님께서는 기뻐 받으신다. 우리는 풍자향이 되어야 한다. 우리의 기도가 풍자향이 되어 교회가 우리를 통해 건강하게 세워지고 온전히 회복되는 은혜를 누려야 한다.

"그가 어떤 사람은 사도로, 어떤 사람은 선지자로, 어떤 사람은 복음 전하는 자로, 어떤 사람은 목사와 교사로 삼으셨으니 이는 성도를 온전하게 하여 봉사의 일을 하게 하며 그리스도의 몸을 세우려 하심이라"(엡 4:11-12).

2. 풍자향의 섬김은 감사에서 비롯된다

지휘자들이 합창단원을 가르치다 보면 누구 한 사람의 음색이 꼭 튀어 오르는 경우가 있다.

자신의 발성과 실력을 주체하지 못하는 사람이나 옆 사람과 화합하지 못하는 단원에게서 이런 특징은 더욱 부각된다. 아무리 좋은 합창이라 해도, 어울리지 않는 음색은 다른 단원의 아름다운 소리를 불협화음으로 만든다. 일종의 마스킹 효과(Masking Effect)라 할 수 있는데, 강한 큰 방해 음 때문에 듣고자 하는 소리가 들리지 않게 되는 현상을 이른다.

일반 합창단의 경우, 아름다운 음색의 조율을 위해 지휘자의 강권이 발휘된다. 튀는 단원을 지적하기도, 부족한 단원을 집중적으로 교육하기도 한다.

그러나 교회의 지휘자들은 일반 합창단의 교육보다 찬양대의 교육이 훨씬 어렵다고 말한다. 그리스도의 사랑으로 모인 합창단이 찬양대이며, 하나님께 경배하기 위해 목소리 높여 노래하는 이들이 찬양대이기에 작은 실수나 튀는 음색을 일일이 지적하기 어렵다는 것이다. 그렇기에 찬양대원은 스스로 나의 음성을 화합해 다른 대원의 음성을 섬겨야 하는 또 하나의 사명을 품고 그 자리에 서야 한다.

이런 찬양대원이 갖는 섬김의 자세가 풍자향의 사명 중 하나다. **풍자향은 자신의 섬김으로 다른 향을 더욱 풍요롭게 만드는 향이다.**

데살로니가전서에는 **항상 기뻐하라 쉬지 말고 기도하라 범사에 감사하라 이것이 그리스도 예수 안에서 너희를 향하신 하나님의 뜻이니라**(살전 5:16-18)라는 가장 유명한 말씀 중 하나가 있다.

'항상' 기뻐하고, '쉬지 말고' 기도하며, '범사에' 감사하는 이 모두는 결국 'Always'를 뜻한다. 풍자향의 기도는 이 말씀처럼 감사에서 모든 것이 비롯된다.

하나님이 통치하시던 신정 국가 이스라엘이 사사 시대를 마무리하고 왕정으로 넘어가던 과도기적 시대, 이스라엘 백성들은 사무엘에게 왕을 요구했다. 하나님께서는 **사무엘에게 이르시되 백성이 네게 한 말을 다 들으라 이는 그들이 너를 버림이 아니요 나를 버려 자기들의 왕이 되지 못하게 함이니라**(삼상 8:7)라며 탄식하신다. 백성들은 사사 사무엘이 아니라 하나님을 버린 것이다.

사람의 왕을 원한 이스라엘은 결국 하나님의 마음을 아프게 했다. 모든 성읍에서 이스라엘을 돕던 하나님께서는 그럼에도 이스라엘의 요구를 들어주신다. 하나님께서는 이스라엘을 대적하는 적들과 대신 싸워주셨다. 하나님의 보호하심으로 대적이 한 길로 쳐들어오다가도 일곱 길로 달아났다. 하나님이 지키심을 믿고 감사로 순종하기만 하면 평안할 수 있던 이스라엘이었다. 하나님은 우리 왕이 되시길 원하시고, 우리에게 복 주시기를 원하시는 만군의 여호와이시다. 그러나 이스라엘은 하나님을 외면하고 하나님을 더 이상 의지하지 않았다.

하나님께서 그들의 왕 되실 때 임하던 놀라운 보호하심의 역사를 외면한 이스라엘은, 서서히 믿음이 식어가는 모습이 그들의 역사가 되었다.

빌라도의 법정에서 예수님은 '나는 왕이다.'라고 선언하신다. 예수님께서는 가장 높은 곳에서 가장 낮은 이 땅에 섬기는 왕으로 오셨다. 이것이 예수님의 사명이다. 예수님께서는 십자가에 자신의 모든 것을 내어주는 섬김으로 그 사명을 완수하신다.

예수님께서는 아브라함과 다윗의 자손으로 이 땅에 오셨다. 열

국의 아비이자 믿음의 조상인 아브라함의 혈통으로 오셨고, 이스라엘을 대표하는 왕인 다윗의 후손으로 오셨다. 이처럼 예수 그리스도는 왕 되실 육적인 자격이 충분한 분이시고, 성령으로 잉태된 완전한 신성이시다.

이렇듯 완전한 인성과 신성을 가지신 예수님은 세상의 가장 낮은 자들과 함께하셨다. 인자는 섬김을 받으러 온 것이 아니라, 섬기러 온 것이라는 말씀을 전하시고는 우리 허물을 인하여 찔리고, 우리의 죄악을 인해 상하셨다.

> "인자가 온 것은 섬김을 받으려 함이 아니라 도리어 섬기려 하고 자기 목숨을 많은 사람의 대속물로 주려 함이니라"(마 20:28).

완벽한 인성과 완전한 신성을 갖춘 예수님은 섬김의 자세를 견지5)하셨다. 이런 그리스도 예수의 겸손하신 자세 앞에 나약한 인간의 모습은 너무나 초라해진다.

자신을 모든 일에 높이고 드러나기를 원하는 자는 결코 그리스도의 몸을 세우는 사역에 동참하지 못한다. 하나님께서 기뻐하시는 자는 능력을 많이 가지고서 교만한 자가 아니라 항상 겸손하고 낮은 마음을 가진 자이다.

---

5) 견지(堅持)하다. (동) 어떤 견해나 입장을 굳게 지니거나 지키다.

하나님께서 주신 능력과 은사를 바탕으로 낮은 자리로 들어가야 한다. 하나님께서는 뿌리가 잘려 풍자향의 향으로 변모한 자를 기꺼이 높이신다.

왕으로 이 땅에 오신 예수님이 하신 기도와 공생애에는 풍자향이 있었다. 내 뜻이 아닌 하나님의 뜻을 따르기를 원한 예수님의 기도가 풍자향의 기도였으며, 병든 자와 낮은 자, 과부와 가난한 자를 먼저 섬기신 생애 그 자체가 풍자향의 삶이었다.
존귀하신 분이었음에도 제사장이나 바리새인들처럼 높은 자리에 계시지 않으시고 먼저 그의 나라와 의를 구한 그리스도의 모습을 우리는 본받아야 한다.

우리가 가진 재능과 지식, 그리고 모든 부요까지도 주의 나라를 위한 것이 되어야 하며, 이웃을 섬기기 위한 것이어야 한다. 인자가 온 것은 결코 섬김을 받기 위함이 아니다.

마태복음 8장에서 예수님께서는 우리의 연약함을 친히 담당하시고 질병까지도 함께 짊어지셨다.

> "이는 선지자 이사야를 통하여 하신 말씀에 우리의 연약한 것을 친히 담당하시고 병을 짊어지셨도다 함을 이루려 하심이더라"(마 8:17).

모든 능력과 권세 가운데 있는 왕이신 예수님께서 나약한 인간의 질병과 연약함까지도 감당하신 것이다. 이것이 예수님께서 보이신 섬김의 은혜다. 우리나라 대통령이 나를 섬긴다고 생각해도 감사가 넘칠진대 하물며 왕이신 예수께서 우리를 섬기는데 어찌 모든 일에 감사하지 않을 수 있는가.

왕이신 예수님은 가장 높으신 보좌에서 가장 낮은 이 땅에 오셔서 우리의 모든 죄와 질병을 짊어지셨다.

가끔 우리는 하나님께서 예수 그리스도를 통해 이루신 구원의 은혜를 가벼이 여기곤 한다. 값없이 주신 은혜는 결코 값싼 은혜가 아니다. 예수님께서 행하신 구원의 은혜는 값으로 헤아릴 수 없을 만큼 귀하다.

우리가 거룩할 수 있는 까닭은 오직 예수님께서 흘리신 보혈의 은혜이다. 우리가 자랑할 것은 예수님께서 이루신 복음뿐이다. 우리는 보혈의 은혜를 묵상하고 그 은혜를 실천해 이 땅의 낮은 자들과 함께할 수 있는 모습을 회복해야 한다.

물론 사람은 본능적으로 남들보다 우월해지고 싶고, 비교하기도 하며 높은 자리에 서고 싶어 한다. 이러한 사람의 모습이라 할지라도, 십자가의 은혜를 알고 그 복음을 믿는다면 비로소 뿌리를 자르고 낮은 자리로 들어가 풍자향의 기도를 드릴 수 있게 된다.

풍자향의 기도를 올리는 우리가 될 때, 연약한 자를 일으키며 그리스도의 몸 된 교회를 바로 세울 수 있는 아름다운 성도가 되는 것이다.

하나님께서는 신령한 하늘의 모든 복을 우리에게 더하시기를 원하는 우리 왕이시다. 그런 우리 왕께서 기뻐하시는 일을 행하는데, 어찌 우리에게 복 주시지 않겠는가. 반드시 우리에게 복 주시는 분이 하나님이시다.

노르웨이에는 재미있는 전설이 있다.
아주 먼 옛날, 사탄이 노르웨이에 내려와 창고를 지으며 미움과 시기, 질투와 다툼, 갈등과 분열, 두려움과 불만의 씨앗을 차곡차곡 저장했다.
여러 악의 씨앗들로 말미암은 사탄의 농사는 성공적이었다. 사탄의 씨앗은 모든 마을, 모든 사람의 마음에 자리 잡고 잘 뿌리내렸다.
그러나 유독 한 마을에서만은 사탄의 씨앗들이 뿌리내리지 못하고 말라 죽는 일이 반복되자 의아해진 사탄이 그 마을을 직접 방문했다.

사탄이 방문한 그 마을의 이름은 '감사'였다. 마을의 구성원들은 어떤 상황이나 처지에서도 범사에 감사하는 마음을 품고 있었다.

노르웨이에서는 이 전설을 통해 '감사하는 마음에는 사탄이 씨앗을 뿌릴 수 없다.'라는 속담이 생겨났다.

데살로니가전서에서는 범사에 감사하는 것이 그리스도 예수 안에서 우리를 향하신 하나님의 뜻이라고 말한다. 범사에 행하는 감사가 곧 풍자향의 기도다.

우리 마음속 흑암의 뿌리를 잘라내고 하나님 앞에서 감사함으로 성도들과 융화하는 것, 낮은 자세로 섬기는 것, 하나님의 크신 은혜를 믿으며 범사에 감사하는 것, 이것이야말로 성도가 누리는 최고의 축복이다.

> "범사에 감사하라 이것이 그리스도 예수 안에서 너희를 향하신 하나님의 뜻이니라"(살전 5:18).

우리가 범사에 감사하는 자세를 견지할 때 비로소 사탄이 뿌린 악의 씨앗은 우리 안에서 말라 죽는다.

하나님의 은혜, 십자가의 도를 믿는 자는 어려운 상황에 놓인다 해도 결코 믿음이 흔들리지 않는다. 풍자향의 기도는 결국 나를 희생해 그리스도의 몸을 세우는 기도이고, 범사에 감사하는 기도이다.

우리가 풍자향을 깨닫고 주의 사명을 깨닫는다면 가정을 세우고 교회를 세우고 이 나라를 세우는 사명을 품게 된다. 하나님의 뜻을 깨달은 자를 어찌 감히 사탄이 틈탈 수 있겠는가. 사명을 품은 자의 믿음이 어찌 흔들릴 수 있겠는가. 낮은 자리에서 조금 더 헌신하고 그리스도의 몸을 세우는 풍자향의 아름다운 기도를 올려야 한다.

이제 우리는 예수 그리스도로 인하여 죄에서 해방되었다. 이는 우리의 힘과 의로 이루어진 것이 아니라 오직 예수님 은혜로 이루어진 놀라운 기적의 역사이다. **너희는 그 은혜에 의하여 믿음으로 말미암아 구원을 받았으니 이것은 너희에게서 난 것이 아니요 하나님의 선물이라**(엡 2:8)라는 말씀처럼 우리는 이 십자가의 도를 자랑하고 감사해야 한다.

하나님은 우리 죄를 깨닫게 하시기 위해 율법을 주셨다. 그러나 우리가 죄로 말미암아 죽지 않기를 원하시는 하나님께서는 율법 뒤에 제사법과 제사장, 성전을 함께 주시고 우리 생명이 살 수 있는 길을 함께 마련하셨다.

"그러므로 율법의 행위로 그의 앞에 의롭다 하심을 얻을 육체가 없나니 율법으로는 죄를 깨달음이니라"(롬 3:20).

하나님의 뜻은 우리가 축복을 누리며 사는 것이다. 율법과 제사법을 함께 주신 하나님께서는 율법을 어긴 것에 대한 죗값을 성전에서 드리는 제사를 통해 받으신 것처럼, 마침내 독생자 예수 그리스도로 말미암아 우리에게 영생을 허락하셨다.

죄의 값은 사망이다. 그러나 우리는 예수 그리스도의 희생을 통해 우리의 모든 죄가 사함받을 수 있는 은혜를 값없이 믿음으로 받은 자이다.

하나님께서는 독생자 예수 그리스도를 세상에 보내시고 세상 모든 죄를 짊어지게 하셨다. 우리의 모든 죄를 짊어진 예수님은 십자가에서 희생제물이 되어 주셨다.

예수님께서는 우리의 모든 죄를 대속하셨다. 이것이 복음이다.

예수님께서는 복음을 우리에게 주시기 위해 철저히 낮아지셨고 하나님께 순종하셨다.

성도는 복음의 은혜를 가슴에 품고 예수 그리스도를 본받아 낮아지고 겸손해야 한다.

우리가 예수님의 마음으로 교회를 섬길 때 교회에서는 나로 말미암아 아름다운 풍자향의 향기가 난다.

"너희 안에 이 마음을 품으라 곧 그리스도 예수의 마음이니"(빌 2:5).

우리는 하나님 앞에서 겸손해야 한다.

그리스도의 몸 된 교회를 세우기 위해서 우리는 더욱 낮아지고 더욱 섬기며 더욱 더 감사해야 한다. 감사가 넘치는 삶이 당연한 삶이 될 때 우리 입에서 나오는 풍자향의 기도는 더욱 우리 이웃과 교회를 풍성하게 세울 수 있다. 감사는 하나님께서 우리에게 값없이 주신 사랑의 고백이며 아름다운 풍자향의 기도이다.

"그리스도의 말씀이 너희 속에 풍성히 거하여 모든 지혜로 피차 가르치며 권면하고 시와 찬송과 신령한 노래를 부르며 감사하는 마음으로 하나님을 찬양하고 또 무엇을 하든지 말에나 일에나 다 주 예수의 이름으로 하고 그를 힘입어 하나님 아버지께 감사하라"(골 3:16-17).

생각열기

풍차향의 자세처럼, 세상에서 화합하기 위해 내가 가장 먼저 해야 할 일은 무엇인가?

합력할 때 비로소 아름다운 향이 되는 풍차향을 묵상하며 기도해보자.

4
유향의 기도

1. 우리를 대속하신 그리스도의 은혜

유향나무는 버릴 것이 하나도 없는 나무다. 미국의 아동 문학가인 셸 실버스타인(Shel Silverstein)이 저술한 도서 '아낌없이 주는 나무'가 실재한다면 유향나무라 할 만큼 모든 것을 인간에게 내어주는 귀한 나무다.

유향나무는 자신의 수명이 다하는 그날까지 귀한 유향을 만들어주는 것은 물론, 열매를 맺고 기름까지 내어주는, 사람에게 매우 유익한 나무다.

유향은 나무에 상처를 냄으로 채취한다. 유향을 채취한 나무를 보면 온통 상처투성이다. 유향을 얻기 위해서 사람들은 나무에 한 두 번의 상처를 내는 것이 아니라 나무의 수명이 다하는 날까지 수많은 상처를 반복적으로 낸다.

유향은 액체 상태로 얻는다. 이 모습이 꼭 우유과 같다고 해 유향(乳香)이란 이름을 얻었다.

유향은 향으로만 사용되지 않고 약재로도 사용되었다.

고대 이스라엘에서는 이처럼 다양한 쓰임새와 황홀한 향을 내는 유향을 아주 귀하게 여겨 황금과도 같은 가치를 매기곤 했다.

온갖 상처로 뒤덮인 유향나무의 모습을 보노라면 채찍에 맞으신 예수 그리스도의 육체와 그 희생이 떠오른다. 존귀하신 예수님은 이 땅에 오셔서 생명이 다하는 그날까지 자신의 모든 것을 아낌없이 내어주셨다. 병자를 고치시고 수많은 이적과 기사를 행하셨으며, 우리의 모든 죄를 대속한 영원한 속죄제물이 되셨다. 사람들은 예수님과 닮은 이 유향을 황금과도 같은 가치로 여겼다. 그러나 과연 우리는 예수님을 황금보다 더 귀하게 여기고 있는지를 생각해 봐야 한다.

"그리스도께서는 장래 좋은 일의 대제사장으로 오사 손으로 짓지 아니한 것 곧 이 창조에 속하지 아니한 더 크고 온전한 장막으로 말미암아 염소와 송아지의 피로 하지 아니하고 오직 자기의 피로 영원한 속죄를 이루사 단번에 성소에 들어가셨느니라"(히 9:11-12).

유향은?
나무에서 흐르는 우윳빛 같은 색의 수액을 모아 건조시켰으므로 '유(乳)'자를 붙였고, 향기가 났기에 '향(香)'이라는 글자를 붙여 '유향'이란 이름을 썼다.

▲ 다양한 쓰임새로 귀중히 여김받은 유향은 황금과도 같은 가치를 지니고 있었다. 악명 높은 로마 황제 네로는 지극히 사랑한 두 번째 부인 포페아(Poppaea)의 장례 당시, 도시 전체가 1년 이상 사용할 분량의 유향을 사용했다는 이야기가 있을 만큼 높은 가치를 지녔다.

우리는 유향을 통해 예수님을 깊이 생각하고 예수님이 우리를 위해 자신의 모든 것을 내어주신 희생을 기억하고 이 세상 그 무엇보다도 귀하게 여겨야 한다.

"그러므로 함께 하늘의 부르심을 받은 거룩한 형제들아 우리가 믿는 도리의 사도이시며 대제사장이신 예수를 깊이 생각하라"(히 3:1).

레위기에는 번제와 소제, 속죄제, 속건제, 그리고 화목제 등

4. 유향의 기도 139

다섯 가지 제사법이 등장한다.

곡물을 이용해 소제의 예물을 하나님께 올릴 때 이스라엘은 고운 가루 한 움큼과 기름과 유향을 가져다가 기념물로 제단 위에서 화제를 올렸다.

> "누구든지 소제의 예물을 여호와께 드리려거든 고운 가루로 예물을 삼아 그 위에 기름을 붓고 또 그 위에 유향을 놓아 아론의 자손 제사장들에게로 가져갈 것이요 제사장은 그 고운 가루 한 움큼과 기름과 그 모든 유향을 가져다가 기념물로 제단 위에서 불사를지니 이는 화제라 여호와께 향기로운 냄새니라"(레 2:2-2).

또 하나님의 성물을 범한 제사장이나, 계명을 어긴 백성들은 속건제를 올렸다. 속건제는 흠 없는 숫양을 잡아 단 위에서 불살라 화제로 드렸다.

> "누구든지 여호와의 성물에 대하여 부지중에 범죄하였으면 여호와께 속건제를 드리되 네가 지정한 가치를 따라 성소의 세겔로 몇 세겔 은에 상당한 흠 없는 숫양을 양 떼 중에서 끌어다가 속건제로 드려서"(레 5:15).

번제에도 화제가 있다. 하나님 앞에 완전히 제물을 태워 올려 드리는 번제를 통해 이스라엘 백성들은 자기 죄를 회개했다.

제사법에서 화제란?
제사법 다섯 가지에 모두 포함된 제사 방식으로, 제물을 불에 태워 드리는 방법을 의미한다.
이때 여호와께서는 화제의 냄새와 향기를 받으신다(레 1:9, 레 2:2,9, 레 3:3, 레 3.16, 레 7:5).
제물이 불에 타 재가 될 때 우리의 죗값 또한 함께 태워졌으며, 그로 인해 하나님께서는 백성의 죄와 불법을 기억하지 아니하셨다.

번제를 드릴 때는 자신의 죄를 번제물 위에 안수하게 되는데, 이는 결코 제사장이 대신할 수 없었다. 자신의 죄를 대신할 제물을 가져와 내 죄를 고백하고 직접 제물에 안수한 이스라엘 백성들은 자신의 죄가 제물에 전이되었음을 믿었다.

"그는 번제물의 머리에 안수할지니 그를 위하여 기쁘게 받으심이 되어 그를 위하여 속죄가 될 것이라"(레 1:4).

그의 제사가 온전할 때 하나님께서는 화제로 번제를 받으셨다. 그 제물을 태우시고 그 향을 받은 하나님께서는 그의 죄와 불법을 용서하시는 은혜를 베푸셨다.

또 하나님과 인간 사이의 화목을 위해 드리는 화목제 역시 마찬가지로 화제로 올려졌으며, 속죄제도 번제단 위에서 불사르는 화제로 올려드렸다.

"아론의 자손은 그것을 제단 위의 불 위에 있는 나무 위의 번제물 위에서 사를지니 이는 화제라 여호와께 향기로운 냄새니라"(레 3:5).

"또 그 속죄제물이 된 수송아지의 모든 기름을 떼어낼지니 곧 내장에 덮인 기름과 내장에 붙은 모든 기름과 두 콩팥과 그 위의 기름 곧 허리 쪽에 있는 것과 간에 덮인 꺼풀을 콩팥과 함께 떼어내되 화목제 제물의 소에게서 떼어냄 같이 할 것이요 제사장은 그것을 번제단 위에서 불사를 것이며 그 수송아지의 가죽과 그 모든 고기와 그것의 머리와 정강이와 내장과 똥 곧 그 송아지의 전체를 진영 바깥 재 버리는 곳인 정결한 곳으로 가져다가 불로 나무 위에서 사르되 곧 재 버리는 곳에서 불사를지니라"(레 4:8-12).

화제는 제사에만 있는 것이 아니었다. 성소 안에는 떡상과 금 등대와 분향단이 마련되어 있는데, 금 등대에는 7개의 촛대가 있고 항상 감람유 기름이 화제로 타오르고 있었다.
향기로운 향을 태워 올려드린 분향단은 말할 것도 없었다.
이처럼 이스라엘이 예배드리는 거룩한 성전에는 반드시 화제(火祭), 즉 향기로운 냄새가 있었다.

여기서 중요한 유향의 역할이 등장한다. 성소 안의 떡상 진설병은 유일하게 '불'과 연관이 없었다. 상 위에 진설병을 두어 항상 내 앞에 있게 하라 하신 하나님께서는 그 진설병을 오직 거룩한 성소에서 거룩한 제사장만이 먹을 수 있게 하셨다.

"상 위에 진설병을 두어 항상 내 앞에 있게 할지니라"(출 25:30).

제사장이 먹어야 하는 까닭에 진설병은 태워 올릴 수 없었다. 그 때문에 제사장들은 떡상 위에 두 줄로 한 줄에 여섯씩 진설하고, 유향을 각 줄 위에 두어 진설병을 새것으로 교체할 때 떡 대신 유향을 불살라 진설병이 화제로 기념되게 했다.

"너는 또 정결한 유향을 그 각 줄 위에 두어 기념물로 여호와께 화제를 삼을 것이며"(레 24:7).

피로 이루어진 구원에는 항상 누군가의 대속이 필요했다.

"율법을 따라 거의 모든 물건이 피로써 정결하게 되나니 피 흘림이 없은즉 사함이 없느니라"(히 9:22).

구약의 제사 가운데 제사장들은 제물을 하나님께 화제로 올렸으며, 진설병을 대신해 유향을 화제로 삼았다.

▲ 유향을 채취하고 있는 유향나무

출처 : Mauro Raffaelli, CC BY-SA 3.0 〈https:// creativecommons.org/licenses/by-sa/3.0〉, via Wikimedia Commons

그리고 예수 그리스도는 만민의 죄를 대속하기 위해 십자가에서 귀한 보혈의 피를 흘리셨다.

죄의 삯은 사망이기에 누군가의 희생 없이 우리는 구원의 값진 자리에 설 수 없다. 우리는 예수 그리스도 십자가의 희생으로 완전한 구원, 영원한 구원을 얻었다.

요한복음에서 예수님은 스스로 생명의 떡이라 말씀하신다. 예수님께서는 내가 주는 떡을 먹고 피를 마시지 아니한 자에게는 결코 생명이 없다고 말씀하신다.

"예수께서 이르시되 내가 진실로 진실로 너희에게 이르노니 인자의 살을 먹지 아니하고 인자의 피를 마시지 아니하면 너희 속에 생명이 없느니라"(요 6:53).

유대인들은 그 말을 듣고 "어찌 살을 먹느냐"고 반문했으나 주가 말씀하신 인자의 살은 결국 생명의 말씀을 의미했다.

"살리는 것은 영이니 육은 무익하니라 내가 너희에게 이른 말은 영이요 생명이라"(요 6:63).

"말씀이 육신이 되어 우리 가운데 거하시매 우리가 그의 영광을 보니 아버지의 독생자의 영광이요 은혜와 진리가 충만하더라"(요 1:14).

말씀이 육신이 되어 이 땅에 오신 예수님께서는 무리에게 곧 생명의 떡인 말씀을 먹으라고 권고하신다.

유향의 기도는 말씀을 통해 화제와 대속의 은혜를 기억해야 한다는 것을 의미한다. 대속이 빠진 제사와 대속이 빠진 기도를 통해서는 구원과 응답을 받을 수 없다.
모든 제사에는 나의 죄를 제물이 대신 짊어지는 대속의 은혜가 있다. 말씀이 육신이 되어 이 땅에 오신 예수 그리스도께서는 이 땅의 속제물로 십자가에 달려 돌아가셨다.

"인자가 온 것은 섬김을 받으려 함이 아니라 도리어 섬기려 하고 자기 목숨을 많은 사람의 대속물로 주려 함이니라"(마 20:28).

그리고 하나님께서는 속죄 제물로 십자가에서 모든 죄의 값을 치르고 부활하신 예수님을 믿는 자들의 죄와 불법을 더 이상 기억하지 않으신다.

"또한 성령이 우리에게 증언하시되 주께서 이르시되 그날 후로는 그들과 맺을 언약이 이것이라 하시고 내 법을 그들의 마음에 두고 그들의 생각에 기록하리라 하신 후에 또 그들의 죄와 그들의 불법을 내가 다시 기억하지 아니하리라 하셨으니 이것들을 사하셨은즉 다시 죄를 위하여 제사 드릴 것이 없느니라"(히 10:15-18).

우리는 놀라운 대속의 은혜를 기억하는 믿음의 기도, 즉 유향의 기도를 올려드리는 성도가 되어야 한다.

"오직 그리스도는 죄를 위하여 한 영원한 제사를 드리시고 하나님 우편에 앉으사 그 후에 자기 원수들을 자기 발등상이 되게 하실 때까지 기다리시나니 그가 거룩하게 된 자들을 한 번의 제사로 영원히 온전하게 하셨느니라"(히 10:12-14).

예수님은 우리를 위해 영원한 대속제물이 되셨으며 그 한 번의 제사를 통해 거룩하게 된 자들을 영원히 온전케 하셨다.
　예수님이 십자가에서 대속의 제물로 죽어주심으로 우리는 완전한 제사를 드릴 수 있게 되었다. 예수님께서 제물이 되어 이뤄 놓으신 제사가 번제와 소제, 속건제, 속죄제와 화목제까지도 모두 감당하신 완전한 제사였다면 우리는 모든 제사를 완성하신 예수님을 믿어야 한다. 예수님을 통해 우리가 거룩하고 온전하게 되었기에 하나님께서는 우리를 자녀 삼아 주셨다.

　나를 위한 대속의 제물로 죽어주신 예수 그리스도를 어떤 상황에서도 기억하는 자만이 유향의 기도를 올릴 수 있다.

　마태복음에서 예수님은 외식하는 서기관들과 바리새인을 크게 책망하신다. 겉으로만 멋져 보이는 회칠한 무덤과도 같다고 힐난하신다. 사람들에게 훌륭하게 보일지 모르나 그 속에는 죽음이 놓여 있는 무덤의 상태가 곧, 사람에게는 옳게 보일 수 있으나 속에는 외식과 불법이 가득한 상태라고 보신 것이다.

　"화 있을진저 외식하는 서기관들과 바리새인들이여 회칠한 무덤 같으니 겉으로는 아름답게 보이나 그 안에는 죽은 사람의 뼈와 모든 더러운 것이 가득하도다 이와 같이 너희도 겉으로는 사람에게 옳게 보이되 안으로는 외식과 불법이 가득하도다"(마 23:27-28).

사람은 자신의 행위나 율법을 지킴으로 인해 결코 의롭게 될 수 없다. 로마서에서는 **모든 사람이 죄를 범하였으매 하나님의 영광에 이르지 못하더니(롬 3:23)**라고 진단한다.

율법으로 죄를 깨달은 자는 흠 없는 대속제물을 가지고 성소에 나아간다. 하나님 앞에 죄를 자복하고 용서를 구하는 이들에게는 소망이 있으나 스스로 의롭고 거룩하다고 여기는 자는 하나님의 은혜를 누릴 수 없다. 스스로 의인이라 여기는 자들의 마음 안에는 대속제물인 예수님이 들어갈 자리가 없다.

서기관들과 바리새인들의 교만은 여기서 그치지 않는다. 이들은 예수님을 시험하고자 간음한 여자를 예수님 앞에 끌고 나와 처분을 요구하기도 했다.

모세의 율법은 간음한 여인을 돌로 치라 명하고 있기에, 예수님께서 율법에 기반해 돌로 치라고 명하시면 그가 이야기하던 '사랑'의 가치와 대치됨으로 이를 트집 잡으려 한 것이다.

그러나 모세 5경에는 율법만 있지 않았다. 죄를 알기 위해 율법을 주시고, 그 죗값을 치르기 위한 성소를 함께 마련해주신 하나님께서는 죄 지은 자들이 돌에 맞기를 원치 않으신다. 하나님은 자기 죄를 자복하고 대속제물과 함께 성전으로 나아와 그 죗값을 치르기를 원하시는 분이다. 그 어떤 죄를 지었다 할지라도 대속제물과 함께 성전으로 나아가면 그 죄를 용서받아 온전하게 될 수 있었다. 그런 의미에서 구약의 법도 죄와 허물을 용서받는 하나님의 은혜가 있었다.

바리새인들과 서기관들이 정녕 말씀을 알고 하나님의 사람과 은혜를 아는 자들이었다면 간음한 여인을 예수님께 데려오지도 않았을 것이다. 마음에 유향이 있는 자는 결코 정죄하지 않는다. 잘못한 이를 성소로 인도하는 것이 말씀을 아는 그리스도인의 자세다.

> "예수께서 대답하여 이르시되 너희가 이 성전을 헐라 내가 사흘 동안에 일으키리라 유대인들이 이르되 이 성전은 사십육 년 동안에 지었거늘 네가 삼 일 동안에 일으키겠느냐 하더라 그러나 예수는 성전 된 자기 육체를 가리켜 말씀하신 것이라"(요 2:19-21).

여인을 정죄함으로 예수님을 시험하고자 예수님 앞에 선 서기관들과 바리새인들은 스스로를 의롭게 여긴 자들이다. 예수님은 "너희 중에 죄 없는 자가 돌로 치라."고 말씀하시고 몸을 굽혀 땅바닥에 손가락으로 글을 쓰셨다. 이를 본 그들은 양심의 가책을 느껴 어른으로 시작하여 젊은이까지 하나씩 그 자리를 떠나간다.

여인은 성전이시며 대속제물이신 예수님 앞에 섰을 때 그녀의 모든 죄를 용서받았다. 그러나 남을 정죄하고 자신을 의롭게 여기는 유향이 빠진 바리새인과 서기관들은 여인처럼 예수님의 은혜를 누리지 못하게 된다.

유향의 기도란 나를 부인하고 예수님의 은혜만을 시인하는 기도이다.

하나님께서는 사람의 향기가 아닌 오직 그리스도의 향기만을 화제로 받으신다. 성전에는 온통 아름다운 향기, 즉 화제가 있다. 제사법에도 아름다운 향기, 화제가 있으며, 성소 안의 금촛대와 분향단, 떡상에까지 화제가 향기로 드려진다. 이 모든 향기는 오직 그리스도의 향기이며 우리가 드리는 모든 기도의 중심에는 이러한 유향의 향기가 있어야 한다.

2. 우리는 기도에 유향을 담고 있는가

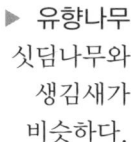나님께서는 예수님의 이름으로 무엇이든지 구하면 역사하시고 응답하겠다고 말씀하셨다. 우리는 예수님의 이름으로 구하기에 앞서 예수님 이름 안에 있는 유향의 가치를 다시금 기억해야 한다. 곧 예수님께서 우리를 위한 대속제물로 희생되심을 마음에 품고 기도해야 한다.

이 가치를 기억하지 않고 올리는 기도는 하나님께서 기뻐 받지 않으신다. 우리가 예수님의 희생과 대속을 마음에 새기고 하나님께 기도할 때 이제 남은 것은 하나님의 역사뿐이다.

▶ 유향나무
싯딤나무와
생김새가
비슷하다.

유향나무는 예수님을 많이 닮은 나무다.

일평생 상처 입으며 자신의 모든 것을 내어주는 모습은 채찍에 맞아 상함을 입으면서까지 우리를 사랑하신 예수 그리스도의 모습과 같다. 우리는 유향을 보며 예수님을 기억해야 하며 예수님을 보며 유향의 기도를 드려야 한다.

우리가 유향을 보며 예수를 기억하듯, 십자가를 보며 예수님의 은혜를 기억해야 한다.

진액을 내어주기 위해 수많은 상처를 감내하는 유향나무처럼, 예수 그리스도는 우리의 나음을 위하여 채찍에 맞으셨고, 우리 죄를 담당하시고자 친히 나무에 달리셨다. 우리가 의에 대해 살게 하려 하심으로 죄에 대해 죽으셨다.

"친히 나무에 달려 그 몸으로 우리 죄를 담당하셨으니 이는 우리로 죄에 대하여 죽고 의에 대하여 살게 하려 하심이라 그가 채찍에 맞음으로 너희는 나음을 얻었나니"(벧전 2:24).

혹시 우리에게 질병이 있더라도 예수님께서 채찍에 맞으심으로 이미 우리가 나은 자 되었음을 믿어야 한다. 예수님의 이름 안에 모든 제사의 화제와 대속제물이 있기 때문이다. 예수님은 우리에게 건강을 주시기 위해 친히 채찍에 맞으셨다. 무작정 '건강하게 해 주세요.' 하는 기도보다 예수님께서 나를 살리기 위해 이미 그 모든 고난과 고초를 감당하신 말씀을 믿고 기도하는 것이 유향의 기도다.

예수님은 우리 삶의 보증수표다. 유향의 믿음을 회복하고 채찍에 맞으신 예수님을 기억하며 드리는 기도는 하나님께서 반드시 건강으로 응답하실 것이다.

어느 날 설교 준비가 어렵게 느껴져 하나님 앞에 무릎 꿇고 나아간 적이 있었다. 그때 나는 성령님께서 모든 것을 가르치고, 모든 것을 생각나게 하신다는 요한복음 14장 말씀을 붙들고 간구하며 기도했다.

"보혜사 곧 아버지께서 내 이름으로 보내실 성령 그가 너희에게 모든 것을 가르치고 내가 너희에게 말한 모든 것을 생각나게 하리라"(요 14:26).

"주님, 저를 주의 종으로 세우셨고 일평생 말씀 전하는 목회자로 세우셨는데, 제가 말씀을 깨닫지 못한다면 어떻게 말씀을 증거할 수 있겠습니까. 제게 지혜와 명철을 허락하소서."

유향의 기도를 드린 후 하나님은 역사하셨다. 기적처럼 말씀이 깨달아졌으며 깨달아진 말씀들이 머리에 새겨져 말씀을 준비하고 전하는 시간이 가장 행복한 시간이 되었다. 예수님께서 나를 위해 이루어놓으신 언약을 기억하고 말씀으로 기도하면 하나님께서는 반드시 역사하신다. 이것이 유향의 기도다.

우리가 예수님의 이름으로 무엇이든 구하면 행하시는 분이 하나님이시다. 요한복음 14장 13절 말씀에 따르면, 하나님께서는 우리가 예수님의 이름으로 구하는 것을 행하시고 영광 받으신다.

"너희가 내 이름으로 무엇을 구하든지 내가 행하리니 이는 아버지로 하여금 아들로 말미암아 영광을 받으시게 하려 함이라"(요 14:13).

하나님은 영광 받기 위해 응답하시며, 높임 받기 위해 우리 말에 귀를 기울이신다. 우리가 구하고 그것을 이루실 때 비로소 하나님께서는 영광 받으신다. 그렇기에 우리는 유향의 향기를 가지고 하나님께 나아가야 한다.

우리들의 삶에는 참 소중한 것들이 많다. 모든 사람에게는 이루 열거할 수 없을 만큼 다양한 소중한 것들이 있다. 그러나 모든 사람들에게 가장 소중한 것 중 하나가 분명 '돈'일 것이다.

'돈'이라는 것은 참 소중하기에 우리는 하나님 앞에서 물질을 요구하게 된다. 그러면서 건강을 구할 때 말씀을 빠뜨리고 필요한 것만을 구하려는 모습들이 있다.

부요하신 예수 그리스도께서 우리를 위하여 가난하게 되심은 그의 가난함으로 말미암아 우리를 부요케 하려 하심이라는 고린도후서 말씀을 먼저 붙들고 기도해야 한다.

"우리 주 예수 그리스도의 은혜를 너희가 알거니와 부요하신 이로서 너희를 위하여 가난하게 되심은 그의 가난함으로 말미암아 너희를 부요하게 하려 하심이라"(고후 8:9).

우리는 물질을 구하는 기도에도 유향을 담아야 한다. 화제가 들어가고, 유향의 향이 입혀진 기도는 하나님이 역사하신다.

우리를 부요케 하기 위해 예수님께서는 이미 가난한 삶을 사셨으며 우리의 영원한 제물이 되셨다. 하늘의 모든 보화와 천지만물의 주인이심에도 이 땅에서 가난한 삶을 사신 이유는 모두 우리를 부요케 하기 위함이다. 하나님은 물질의 축복을 위한 대속물로 예수 그리스도를 받으셨다.

하나님의 자녀인 우리가 이 땅에서 부유하게 사는 것이 아버지가 일찍부터 계획하신 큰 뜻임을 믿고, 예수님이 나의 가난을 짊어지신 말씀을 가지고 나아가는 기도에 비로소 하나님은 응답하고 역사하신다.

하나님의 말씀에는 반드시 천군과 천사가 호위한다. 또 소합향과 나감향, 풍자향과 유향, 소금이 분향되어질 때 천군과 천사들이 그 향을 하나님께 올려드린다. 우리의 기도가 분향단의 향이 될 때 하나님께서 역사하신다. 이것이 권능 있는 기도다. 기도의 권능을 회복할 때 응답의 역사는 속히 이루어질 것이다.

우리에게 예수님께서 이루어놓으신 언약의 말씀이 믿어지고, 그로 인해 유향의 기도를 올리기 시작하면 일평생 하나님께서 허락하신 놀라운 은혜의 역사가 임할 것이다. 넘치도록 주시는 하나님께서는 우리가 유향의 기도를 올릴 때, 하늘의 문을 열어 수많은 그리스도의 풍요를 넘치도록 부어 주신다.

우리는 유향의 기도를 회복해야 한다.
예수님께서 대속하신 그 은혜를 믿고 기도할 때, 우리에게 매인 모든 것들이 풀리는 역사가 나타난다.

이 복음을 마음속 깊은 곳에 간직하고 믿음으로 설 때 기적이 나타난다. 내가 건축하지 않은 성읍과 내가 채우지 않은 아름다운 물건이 가득한 집, 내가 파지 않은 우물과 내가 심지 않은 열매들을 먹으며 누리고 소유하는 말씀이 이루어질 것이다.

> "네 하나님 여호와께서 네 조상 아브라함과 이삭과 야곱을 향하여 네게 주리라 맹세하신 땅으로 너를 들어가게 하시고 네가 건축하지 아니한 크고 아름다운 성읍을 얻게 하시며 네가 채우지 아니한 아름다운 물건이 가득한 집을 얻게 하시며 네가 파지 아니한 우물을 차지하게 하시며 네가 심지 아니한 포도원과 감람나무를 차지하게 하사 네게 배불리 먹게 하실 때에"(신 6:10-11).

반드시 복 주고 번성케 하리라 약속하신 분, 시작은 미약하나 나중은 심히 창대하리라 약속하신 분께서 임마누엘로 우리와 함께하신다.

4. 유향의 기도

"율법은 장차 올 좋은 일의 그림자일 뿐이요 참 형상이 아니므로 해마다 늘 드리는 같은 제사로는 나아오는 자들을 언제나 온전하게 할 수 없느니라 그렇지 아니하면 섬기는 자들이 단번에 정결하게 되어 다시 죄를 깨닫는 일이 없으리니 어찌 제사 드리는 일을 그치지 아니하였으리요 그러나 이 제사들에는 해마다 죄를 기억하게 하는 것이 있나니 이는 황소와 염소의 피가 능히 죄를 없이 하지 못함이라 그러므로 주께서 세상에 임하실 때에 이르시되 하나님이 제사와 예물을 원하지 아니하시고 오직 나를 위하여 한 몸을 예비하셨도다"(히 10:1-5).

생각열기

유향의 기도가 의미하는 것은 무엇이며, 내 삶에 어떻게 적용할 수 있는가?

우리의 기도가 '향기로운 분향단의 기도'가 되는 이유를 믿고 기도해 보자.

5

소금의 기도

1. 영원히 변하지 않는 소금 언약

"너희가 거듭난 것은 썩어질 씨로 된 것이 아니요 썩지 아니할 씨로 된 것이니 살아 있고 항상 있는 하나님의 말씀으로 되었느니라 그러므로 모든 육체는 풀과 같고 그 모든 영광은 풀의 꽃과 같으니 풀은 마르고 꽃은 떨어지되 오직 주의 말씀은 세세토록 있도다 하였으니 너희에게 전한 복음이 곧 이 말씀이니라"(벧전 1:23-25).

베드로전서 1장 말씀처럼 모든 육체는 풀과 같이 마르고 꽃과 같이 떨어진다. 인류가 이룩한 수많은 것 중 영원한 것은 아무것도 없을 것이다. 오직 주의 말씀만이 영원히 변하지 않음을 확신한다.

하나님은 영원한 분이시다. 하나님의 말씀 또한 그와 같이 영원한 말씀이다. 시들지도, 꺾이지도 아니할 영원한 하나님의 언약의 말씀이 우리에게 주어졌으매 우리는 그리스도 예수 안에서 복음으로 영원히 거듭난 자가 될 수 있었다.

미국 히스토리 채널에서 방영한 'Life After People(인류 이후의 생태계)'이라는 다큐멘터리가 있다. 이 다큐멘터리에서는 인류 멸망을 가정하고 그 후 지구의 변화를 살폈다. 파리의 자랑 에펠탑은 채 100년도 견디지 못하고 녹슬어 무너지며 인류가 이룩한 모든 것이 힘없이 무너져 내린다. 인류의 최대 토목공사라는 후버댐 또한 이내 홍합조개에 막혀버린다.

▲ 후버댐 : 인류 최대의 토목공사로 불리는 후버 댐(Hoover Dam). 미국 애리조나주와 네바다주 경계에 위치한 콘크리트 중력식 댐으로, 높이 221m, 길이 411m의 규모를 자랑한다. 5년간 2만 1천 명가량의 인력이 투입되었으며 사용된 콘크리트는 330만㎥에 달한다.

이 댐의 완공으로 인해 미드 호(Lake Mead)가 만들어졌는데, 미드호는 길이 180km, 최고 깊이 162m, 저수량은 약 320억 톤에 달하는 거대 호수다. 우리나라의 소양강댐으로 만들어진 소양호의 10배가 넘는 규모다.

하나님께서 허락하신 인간의 생은 한정적이다. 풀과 같이 마르고 꽃과 같이 떨어지는 것이 우리의 인생이다. 이런 유한한 생명을 가진 인간이 만들어 낸 모든 건축물도 영원한 것이 없음은 어쩌면 당연한 일이다.

고대 유목민은 중요한 계약을 할 때 소금을 나누어 찍어 먹었다고 한다. 변치 않는 소금의 속성으로 그들의 계약이 변치 않기를 기원했기 때문이다. 소금의 변치 않는 성질 때문에 소금은 변치 않는 신뢰와 우정, 명예의 상징으로도 사용되었다. 아랍과 서양에서는 'salt'라는 단어를 존경이나 신용을 표현하는 관용어로 사용하기도 했다.

우리나라에서도 마찬가지다. 소금을 통해 김장배추를 만든 조상들은, 배추를 오래 보관하기 위해 염장을 했으며 김장을 했다. 소금에 절여진 배추는 쉽게 상하지 않았다. 모든 나라에서 소금은 냉장고가 발명되기 전부터 음식물의 장기 보관을 위한 도구로 이용되었으며 영원한 신뢰를 함께 상징했다.

성경에서는 **네 모든 소제물에 소금을 치라 네 하나님의 언약의 소금을 네 소제에 빼지 못할지니 네 모든 예물에 소금을 드릴지니라**(레 2:13)는 레위기의 말씀과 **이스라엘 하나님 여호와께서 소금의 언약으로 이스라엘 나라를 영원히 다윗과 그의 자손에게 주신 것을 너희가 알 것 아니냐**(대하 13:5) 등 소금 언약에 대한 말씀이 등장한다.

하나님께서는 소금 언약으로 약속하신 말씀들을 영원히 변치 않게 하시고 결국은 이루셨다.

민수기에서 하나님은 **이스라엘 자손이 여호와께 거제로 드리는 모든 성물은 내가 영구한 몫의 음식으로 너와 네 자녀에게 주노니 이는 여호와 앞에 너와 네 후손에게 영원한 소금 언약이니라**(민 18:19)라며 변하지 않는 소금 언약에 대해 말씀하신다.

◀ 사해바다
▼ 사해바다와 소금

하나님께서는 언약에 대해 말씀하실 때 이러한 소금의 영원성을 들어 비유하셨다. 하나님께서 소금의 영원성에 빗대어 언약의 영원성을 설명하심을 기억하고 '소금의 기도'를 떠올릴 때 우리는 언약, 즉 말씀의 영원성을 함께 기억할 수 있어야 한다.

이스라엘의 율법은 모세가 시내 산에서 하나님께 받은 십계명을 세분화한 613가지의 율법으로 이루어져 있다. 이 613가지의 계명은 지켜야 할 행령 248가지와 하지 말아야 할 금령 365가지로 구성되어 있다.
이스라엘 백성은 결코 율법만으로 의인이 될 수 없다. 하나님께서 율법을 주신 까닭은 백성들이 스스로 죄를 깨닫게 하기 위함이셨다.

이스라엘 백성이 하나님께 받은 것이 오직 율법뿐이었다면 죄의 삯은 사망이기에 이스라엘은 모두 사망에 이르렀을 것이다. 그러나 이스라엘 백성을 사랑하신 하나님께서는 이들을 살리기 위해 성전과 제사법을 함께 허락하시고 죄지은 자는 누구든지 성전으로 와서 죄의 값을 속죄함으로 죄사함을 얻을 수 있는 은혜를 내리셨다.

죄를 지은 이스라엘 백성들은 제사를 위한 양이나 소, 염소 등 다양한 제물을 가지고 성소로 향했다. 가난한 자는 곡식이나 비둘기를 가져가기도 했다. 하나님께서는 가난한 자나 부유한 자 누구든지 죄를 용서받을 수 있도록 성전의 문턱을 낮추어 주셨다.

하나님께서는 분명 흠 없는 제물을 원하셨기에 백성들이 선택한 속죄물에는 단 하나의 흠도 없었다. 그러나 땅에 있는 양과 소, 염소 등의 제물에는 한 가지 중대한 문제가 있다.
이들 제물의 가장 큰 문제는 '유한(有限)한 생명'에 있다. 아무리 흠이 없더라도 소나 양, 염소는 이 땅 가운데 유한한 생명이기에 구약의 제사는 영원한 제사가 되지 못했다. 그들의 제사는 꽃처럼 시들어 없어지는 제물로 올리는 유한한 제사였기에 죄를 반복하면 또다시 제물과 함께 성소로 향해야만 했다.

하나님께서는 우리를 사망에 이르지 않게 하시고 유한한 구약의 제사를 폐하셨으며 영원하신 예수 그리스도를 이 땅에 제물로 보내셨다. 우리의 죄를 영원히 용서하기를 원하신 하나님께서는 육신을 입어 이 땅에 오셨다. 영원하신 하나님께서 사망의 시간 안으로 찾아오신 것 자체가 감격과 은혜의 역사다.

베드로전서에 의하면 주의 말씀은 세세토록 영원하다. 말씀이 육신을 입고 세상에 임하신 분이 예수 그리스도다. 이로 미루어 볼 때 주의 말씀과 예수 그리스도는 결국 영원한 소금 언약으로 이 땅에 임하셨음이다.
이 땅에 오신 예수님은 우리를 위해 십자가의 고난을 감당하셨고 그 피로 영원한 속죄를 이루셨다. 염소나 송아지의 유한한 피가 아닌 영원한 예수 그리스도의 피는 소금 언약으로 우리를 영원히 정결케 만들었다.

> "염소와 송아지의 피로 하지 아니하고 오직 자기의 피로 영원한 속죄를 이루사 단번에 성소에 들어가셨느니라"(히 9:12).

이제 우리는 하나님께서 베푸신 그 크신 은혜를 기억하고 영원한 소금 언약을 담는 기도를 회복해야 한다.

이스라엘 백성들은 7월 10일을 대속죄일로 지켰다. 대제사장은 제비 뽑힌 아사셀 염소의 머리에 이스라엘의 모든 죄와 불법을 안수하고 광야로 보낸다. 백성들의 죄를 짊어진 아사셀 염소는 돌아올 수 없는 길을 떠남으로써 이스라엘의 모든 죄와 불법은 가나안땅에서 광야로 옮겨진다.

▶ 광야 산지

이스라엘은 한 해를 보내며 자신의 죄와 허물을 성전에서 회개하고 제사로 용서를 구하였어도 대속죄일을 통해 또다시 회개의 자리로 나아간다. 이는 그들이 드렸던 모든 제사가 유한했기 때문이다.

예수님께서는 우리의 죄를 위해 영원한 제사를 올리셨다. 영원하신 예수 그리스도는 거룩하게 된 자들을 한 번의 제사로 영원히 온전케 하신 분이다.

> "오직 그리스도는 죄를 위하여 한 영원한 제사를 드리시고 하나님 우편에 앉으사 그 후에 자기 원수들을 자기 발등상이 되게 하실 때까지 기다리시나니 그 후에 자기 원수들을 자기 발등상이 되게 하실 때까지 기다리시나니 그가 거룩하게 된 자들을 한 번의 제사로 영원히 온전하게 하셨느니라"(히 10:12-14).

그리스도의 온전하고 영원한 생명은 우리를 영원히 온전케 만들었다.

> 아사셀(עֲזָאזֵל)이란 '염소'라는 뜻의 히브리어와 '떠나가다'는 뜻의 고대 아람어가 합쳐진 단어로, 유대 광야에 사는 악령을 뜻한다. 레위기에서는 염소를 아사셀에게 보내는데 이때 염소는 이스라엘의 죄와 불법을 광야에 있는 마귀에게 준다는 의미가 있다. 염소는 귀소본능이 있기에 이스라엘 백성들은 그 염소가 다시 돌아올 수 없도록 최대한 먼 곳으로 떠나보냈다.

▲ 〈그리스도의 세례〉: 안드레아 델 베로키오와 레오나르도 다 빈치의 합작

    예수 그리스도께서는 마지막 제사장이자 선지자라 할 수 있는 세례 요한에게 세례를 받으로써 온 세상의 죄를 모두 짊어지셨다. 사도 요한은 사람들에게 세례할 당시 죄를 씻는 세례를 행했으나, 예수님께서 받으신 세례는 인류의 죄를 짊어지는 세례였다. 아사셀 염소가 이스라엘의 모든 죄와 불법을 안수받고 광야로 떠났듯, 예수님께서는 인류의 모든 죄와 불법을 짊어지고 십자가로 향하셨다.

"이튿날 요한이 예수께서 자기에게 나아오심을 보고 이르되 보라 세상 죄를 지고 가는 하나님의 어린 양이로다"(요 1:29).

예수님께서 제물이 되어 주신 제사의 영원함을 우리가 기억한다면 2천 년 전 치러진 십자가의 은혜는 지금도, 미래에도 영원하다. 예수님께서 영원한 속죄를 치르셨기에 우리는 또 다른 제물을 하나님 앞에 올릴 필요가 없다.

우리는 이 십자가의 도를 믿음으로 과거와 현재, 미래까지 영원히 온전한 소금 언약을 얻었다. 이 영원한 복음의 은혜를 하나님 앞에서 감사하고 묵상할 때 우리의 기도는 비로소 소금 언약의 기도가 된다.

이스라엘 백성들이 죄를 짊어진 아사셀 염소를 떠나 보냈음에도 스스로 죄가 남아 있다고 여긴다면, 그들은 하나님께서 허락하신 법도를 인정하지 않는 것과 다름없다.

우리 또한 이스라엘 백성들의 모습을 기억해야 한다. 우리가 예수 그리스도의 십자가의 은혜를 믿는 자라면 스스로 죄가 남아 있다고 여겨서는 안 된다. 예수님을 믿는 자리에 있음에도 하나님께서 우리의 죄나 불법을 기억하진 않을까 하고 걱정하는 모습은 십자가의 영원한 은혜를 인정하지 않는 것과 다름없다.

하나님께서 보내주신 그 큰 구원의 은혜와 영원한 제사를 믿는 자에게는 정죄함이 없다. 하나님께서 구원받은 성도들의 죄와 허물을 찾아 심판하는 분이시라면 예수 그리스도는 십자가에 한 번 더 못 박혀야 하실지 모른다. 결국 우리의 나약한 믿음이 십자가에서 예수님을 두 번 죽이는 격이다. 그리스도 예수는 이미 한 번의 제사로 영원한 제사를 완성하신 분이다. 우리는 그 소금 언약을 믿고 기도해야 한다.

> "그가 거룩하게 된 자들을 한 번의 제사로 영원히 온전하게 하셨느니라 또한 성령이 우리에게 증언하시되 주께서 이르시되 그날 후로는 그들과 맺을 언약이 이것이라 하시고 내 법을 그들의 마음에 두고 그들의 생각에 기록하리라 하신 후에 또 그들의 죄와 그들의 불법을 내가 다시 기억하지 아니하리라 하셨으니"(히 10:14-17).

우리 신앙인들의 기도에는 간혹 소금 언약이 빠진 경우가 있다. 늘 스스로 죄인임을 자복하고 용서를 구한다. 오늘 지은 죄, 어제 지은 죄, 그 옛날 지은 죄까지도 용서해달라고 목소리를 높인다. 소금의 언약이 빠진 그리스도인의 부끄러운 자화상이다.

예수님을 믿음으로 심판과 사망에서 영생과 생명으로 옮겨진 성도들의 죄를 다시 찾고 심판하신다면 하나님 스스로 언약을 어기는 분이 되시며, 예수님께서 십자가에서 치르신 구원의 은혜는 의미 없는 희생이 되는 것이다.

평생을 평신도 제자훈련에 온 열정을 쏟아부으시고, 지금은 하나님 나라의 부르심을 받으신 옥한흠 목사님이 복음의 본질을 말씀하신 내용이 있다. 그분의 제자훈련 2권은 『아무도 흔들 수 없는 나의 구원』6)이란 책이다. 또 로마서 강해 2권에서도 『아무도 흔들 수 없는 나의 구원』이 다시 한 번 등장한다.

옥 목사님은 『아무도 흔들 수 없는 나의 구원』에서 **이와 같이 너희도 너희 자신을 죄에 대하여는 죽은 자요 그리스도 예수 안에서 하나님께 대하여는 살아 있는 자로 여길지어다(롬 6:11)**라는 로마서 말씀을 인용하신다. 옥 목사님은 이렇게 강조하고 있다.

> 똑똑히 알아두십시오. 자기 자신을 보면 실족합니다. 우리는 예수님을 보아야 합니다. 내가 죽었기 때문에 예수님이 죽으셨습니까, 예수님이 죽으셨기 때문에 내가 죽었습니까? 물을 필요 없이 예수님이 죽으셨기 때문에 내가 죽었습니다. 우리 자신을 보면 안 됩니다. 예수님이 죄에 대해 죽은 것이 사실이면 내 옛 사람은 죽은 것입니다. 예수님이 하나님에 대해 사신 것이 사실이면 나도 새사람으로 살아난 것이 분명합니다. 그러므로 설혹 당신이 죄를 짓고 있다 할지라도 그것을 문제 삼지 마십시오.
> 우리는 항상 주체의식을 분명히 해야 합니다. 우리는 "네가 누구냐?"는 질문 앞에서 "나는 예수님과 함께 산 새사람입니다."라고 대답할 수 있어야 합니다. "너는 어디에서 사느냐?" 하고 물을 때, "나는 예수 그리스도가

---

6) 옥한흠, 『아무도 흔들 수 없는 나의 구원』, 도서출판 국제제자훈련원(개정3판 2쇄 2005. 4. 23), 24-25p. 참고

지배하는 의의 나라에서 사는 사람입니다." 하고 분명히 대답할 수 있어야 합니다.

옥 목사님의 말씀처럼, 우리는 예수님께서 이뤄 놓으신 영원한 속죄와 영원한 생명의 은혜를 믿어야 한다. 이 믿음에서 결코 흔들려서는 안 된다.

예수님께서 십자가에서 죽으심으로 우리의 모든 저주를 대신 받으셨다.

"그리스도께서 우리를 위하여 저주를 받은 바 되사 율법의 저주에서 우리를 속량하셨으니 기록된 바 나무에 달린 자마다 저주 아래에 있는 자라 하였음이라"(갈 3:13).

우리를 위해 십자가에서 죽으시고 부활하신 예수님은 하나님 우편에 올라가 지금도 우리를 위해 중보하신다. 살아계신 예수님께서 우리와 함께하시는 이 복음의 은혜를 믿고 기도해야 한다.
소금의 영원한 언약이 우리 삶 가운데 믿음으로 임해야 한다. 소합향과 나감향, 풍자향과 유향으로 향을 만들어도 소금을 치지 않으면 성결하지 않다고 하셨다.

"그것으로 향을 만들되 향 만드는 법대로 만들고 그것에 소금을 쳐서 성결하게 하고"(출 30:35).

2. 언약이 반드시 성취되는 소금의 기도

소금의 기도는 하나님의 언약 그 자체이다. 우리의 기도에 소금언약을 담고 기도할 때 하나님께서는 반드시 이루신다.

예언 또한 마찬가지다. 주위에서 종종 거짓 선지자를 따르고 잘못된 예언을 따르는 사람들도 있지만, 바른 예언은 반드시 이루어진다는 사실에서 소금 언약과 그 맥락을 같이한다.

결코 성경은 예언을 무시하지 않는다. 성경에서는 '바른 예언'을 이야기한다.

고린도전서에는 **그런즉 내 형제들아 예언하기를 사모하며 방언 말하기를 금하지 말라(고전 14:39)**고 하였으며 **방언을 말하는 자는 자기의 덕을 세우고 예언하는 자는 교회의 덕을 세우나니(고전 14:4)**라고 했다.

참된 예언, 바른 예언은 교회에 덕을 세운다. 결코 성경은 예언을 금하지 않았음에도 예언을 잘못 사용하는 경우들이 있다.

결론부터 말하면, 성경에서 말하는 예언이란 '기록된 하나님 말씀'이다. 베드로 사도는 더 확실한 예언이 있어 어두운 데를 비추는 등불과 같다고 했다. 그 어두운 곳을 비추는 등불이야말로 기록된 성경이다.

> "또 우리에게는 더 확실한 예언이 있어 어두운 데를 비추는 등불과 같으니 날이 새어 샛별이 너희 마음에 떠오르기까지 너희가 이것을 주의하는 것이 옳으니라 먼저 알 것은 성경의 모든 예언은 사사로이 풀 것이 아니니 예언은 언제든지 사람의 뜻으로 낸 것이 아니요 오직 성령의 감동하심을 받은 사람들이 하나님께 받아 말한 것임이라"(벧후 1:19-21).

이 예언의 말씀은 사람의 뜻이나 인위적으로 만든 것이 아니라, 오직 성령의 감동하심을 받은 사람들이 하나님께 받아 말한 것이라 하고 있다.

사도 바울 역시 배우고 확신한 일, 즉 성경에 거하라고 강조한다. 성경은 능히 너로 하여금 그리스도 예수 안에 있는 믿음으로 말미암아 구원에 이르는 지혜가 있게 하느니라 모든 성경은 하나님의 감동으로 된 것으로 교훈과 책망과 바르게 함과 의로 교육하기에 유익하니 이는 하나님의 사람으로 온전하게 하며 모든 선한 일을 행할 능력을 갖추게 하려 함이라(딤후 3:14-17)고 말한 바울은 성경의 중요성에 대해 확신 있게 말한다.

성경이 진리이며, 우리가 들어야 할 모든 것이 성경임에도 불

구하고 성경을 사람의 계명과 가르침으로 받을 때, 성경이 가려지고 봉한 말씀이 된다.

"주께서 이르시되 이 백성이 입으로는 나를 가까이 하며 입술로는 나를 공경하나 그들의 마음은 내게서 멀리 떠났나니 그들이 나를 경외함은 사람의 계명으로 가르침을 받았을 뿐이라"(사 29:13).

출애굽기 20장에서는 시내산에서 이스라엘 앞에 임하신 하나님의 음성이 나타난다. 이스라엘은 우레와 번개와 나팔소리와 산의 연기가운데 임하신 하나님의 음성을 마주하고 두려워 떤다. 이때 두려움으로 하나님의 말씀을 들은 이스라엘은 다시는 하나님의 음성을 직접 듣지 않게 해달라고 간청한다.

"뭇 백성이 우레와 번개와 나팔 소리와 산의 연기를 본지라 그들이 볼 때에 떨며 멀리 서서 모세에게 이르되 당신이 우리에게 말씀하소서 우리가 들으리이다 하나님이 우리에게 말씀하시지 말게 하소서 우리가 죽을까 하나이다"(출 20:18-20).

신명기에서는 이 말씀을 조금 더 자세히 설명한다. 백성들은 말하되 우리 하나님 여호와께서 그의 영광과 위엄을 우리에게 보이시매 불 가운데에서 나오는 음성을 우리가 들었고 하나님이 사람과 말씀하시되 그 사람이 생존하는 것을 오늘 우리가 보았나이다 이제 우리가 죽을 까닭이 무엇이니이까 이 큰 불이 우리를 삼킬 것이요 만일 우리가 우리 하나님 여호와의 음성을 다시 들으면 죽을 것이라(신 5:24-25)고 하면서, 하나님의 음성을 두려워했으며 하나님께서는 이스라엘이 품은 경외심을 두고 **너희가 내게 말할 때에 너희가 말하는 소리를 들으신지라 여호와께서 내게 이르시되 이 백성이 네게 말하는 그 말소리를 내가 들은즉 그 말이 다 옳도다 다만 그들이 항상 이 같은 마음을 품어 나를 경외하며 내 모든 명령을 지켜서 그들과 그 자손이 영원히 복 받기를 원하노라**(신 18:28-29)고 화답하신다.

이후 하나님께서는 이스라엘의 요구대로 직접 음성을 들려주지 않으시고, 선지자를 세우심으로 하나님의 말씀을 전해 주신다.

하나님께서는 이때 **만일 어떤 선지자가 내가 전하라고 명령하지 아니한 말을 제 마음대로 내 이름으로 전하든지 다른 신들의 이름으로 말하면 그 선지자는 죽임을 당하리라 하셨느니라**(신 18:20)면서, 선지자 제도와 거짓 선지자를 분별하는 기준을 함께 주신다.

하나님께서는 **어떤 사람이 너희에게 말하기를 주절거리며 속살거리는 신접한 자와 마술사에게 물으라 하거든 백성이 자기 하나님께 구할 것이 아니냐 산 자를 위하여 죽은 자에게 구하겠느냐 하라 마땅히 율법과 증거의 말씀을 따를지니 그들이 말하는 바가 이 말씀에 맞지 아니하면 그들이 정녕 아침 빛을 보지 못하고**(사 8:19-20)라고 하시면서, 증거의 말씀을 따르지 않고 말씀에 맞지 아니한 말을 전하는 선지자는 마술사나 무당처럼 여기라고 하신다. 이는 곧 구약의 시대와 신약의 시대. 그리고 지금까지도 예언은 오직 성경 말씀뿐이라는 하나님의 힘 있는 말씀이자 언약이다.

예수님께서는 구약의 모든 말씀을 이루시고 부활하셨다. 부활하신 주님은 우리에게 성령을 받으라고 말씀하셨으며, 성령님은 우리의 모든 죗값을 치르신 예수님을 믿음으로 온전하고 깨끗하여 거룩하게 된 자들에게 임하신다.

성령님은 결코 다른 예언을 하시지 않는다. 오직 예수님께서 이루신 십자가의 복음을 증거하는 성령님께서는 예수 그리스도만을 말씀하신다. 성령님께서 한 번의 제사로 우리를 영원히 온전케 하신 예수 그리스도를 증거하고 선포하시며 나타내시는 것, 이것이 예언이다.

성경은 구약 39권과 신약 27권으로 구성되어 있다. 구약 39권의 말씀은 앞으로 오실 예수 그리스도를 말하며, 신약 27권은 예언대로 이 땅에 오신 예수 그리스도께서 모든 예언의 말씀을 이루셨음을 증거한다. 이처럼 성경 66권은 모두 예수님만을 이야기하고 있다.

예수 그리스도로 인해 구원을 얻고 생명을 얻을 수 있는 증거가 모두 성경 안에 있다. 즉, 성경을 통해 영원한 생명을 얻을 수 있게 하는 것이야말로 진정한 예언이다.

▲ 이스라엘 갈멜 산(Mount Carmel)에 위치한 엘리야 상. 엘리야는 민수기의 말씀을 하나님께서 이루실 것을 굳게 믿음으로 850명의 거짓 선지자와 당당히 맞섰다.
〈출처〉 Pastor Sam, CC BY 3.0 〈https://creativecommons.org /licenses/by/3.0〉, via Wikimedia Commons

5. 소금의 기도

과거에 기록된 성경은 과거의 사람들에게만 필요한 책이 아니다. 과거에도, 현재도, 미래에도 영원불변한 성경은 지금도 살아계시는 하나님의 말씀이다.

"하나님의 말씀은 살아 있고 활력이 있어 좌우에 날선 어떤 검보다도 예리하여 혼과 영과 및 관절과 골수를 찔러 쪼개기까지 하며 또 마음의 생각과 뜻을 판단하나니"(히 4:12).

성도는 예언을 사모해야 한다. 그리고 앞서 말한 것처럼 예언은 하나님 말씀인 성경이며, 강단에서 그리스도를 선포하는 것이 하나님의 말씀이다. 선포된 말씀은 기록된 말씀이며, 기록된 말씀은 오직 예수 그리스도만을 증거한다. 이 언약이 선포되는 예배를 사모해야 한다.

아합왕 시절 가뭄이 극심할 때, 400명의 아세라 선지자 및 450명의 바알 선지자들과 갈멜산에서 결투했던 여호와의 선지자 엘리야는 오직 소금 언약을 기억하고 믿음으로 기도하며 응답을 받는다.

"그런즉 사람을 보내 온 이스라엘과 이세벨의 상에서 먹는 바알의 선지자 사백오십 명과 아세라의 선지자 사백 명을 갈멜 산으로 모아 내게로 나아오게 하소서 아합이 이에 이스라엘의 모든 자손에게로 사람을 보내 선지자들을 갈멜 산으로 모으니라"(왕상 18:19-20).

우상이 아무런 능력이 없음을 만백성 가운데 증명하고자 한 엘리야는 갈멜산에서 이들과 '응답 내기'를 벌인다. 내기의 방식은 간단했다. 불로 응답하는 참 신을 가려내는 방식이었다.

구름같이 모인 백성들 가운데 바알 선지자들은 아침부터 저녁까지 바알의 이름을 부르며 기도한다. 그들은 큰 소리로 바알을 부르고 창과 칼로 그들의 몸을 상하게 하며 애써 기도한다.

그 모습을 지켜본 엘리야는 바알이 자는 것은 아닌지, 잠깐 나갔는지 모르니 더욱 크게 기도하라고 조롱한다.

> "정오에 이르러는 엘리야가 그들을 조롱하여 이르되 큰 소리로 부르라 그는 신인즉 묵상하고 있는지 혹은 그가 잠깐 나갔는지 혹은 그가 길을 행하는지 혹은 그가 잠이 들어서 깨워야 할 것인지 하매"(왕상 18:27).

온종일 기도한 바알 선지자들이 응답받지 못하고 엘리야가 나섰을 때, 그는 제단 근처에 도랑을 파고 물까지 부으라 명한다. 이후 엘리야가 기도하자 하나님은 속히 응답하셨다. 여호와의 불은 번제물과 나무와 돌과 흙을 태움은 물론 도랑의 물까지 핥았다.

결국 엘리야에게 대적한 바알 선지자들은 모두 죽음을 맞이했으며 여호와 하나님께서는 비를 허락하셨다.

육적인 간절함은 바알 선지자들이 더욱 뛰어났다. 그들은 소리를 높여 아침부터 저녁까지 기도했고 창과 칼로 그들의 몸을 상하게 하면서까지 기도했다. 그러나 사도 야고보는 갈멜산에서 올린 엘리야의 기도야말로 간절한 기도였다고 평한다.

> "엘리야는 우리와 성정이 같은 사람이로되 그가 비가 오지 않기를 간절히 기도한즉 삼 년 육 개월 동안 땅에 비가 오지 아니하고 다시 기도하니 하늘이 비를 주고 땅이 열매를 맺었느니라"(약 5:17-18).

엘리야는 그 땅에 저주가 내린 까닭을 알고, 그 저주가 풀릴 방법까지도 아는 선지자였다. 그는 민수기에서 말한 **너희는 너희가 거주하는 땅을 더럽히지 말라 피는 땅을 더럽히나니 피 흘림을 받은 땅은 그 피를 흘리게 한 자의 피가 아니면 속함을 받을 수 없느니라**(민 35:33)라는 말씀을 하나님께서 반드시 이루실 것을 믿음으로 850명의 거짓 선지자들과 싸울 수 있었다.

여호와의 선지자들을 죽이는 데 혈안이 되었던 아합왕의 부인 이세벨로 인해 의인의 피가 땅에 쏟아져 땅은 저주를 받았으며, 저주를 풀 길은 그 피를 흘리게 한 자 곧 바알 선지자들의 피가 땅에 뿌려짐에 있었다.

민수기 언약을 붙든 엘리야는 언약의 말씀대로 바알 선지자들의 피를 기손 시냇가에 뿌리고 하나님께서 반드시 비를 내리실 것이라는 약속을 믿었다. 결국 하나님께서는 그 소금 언약을 붙든 엘리야의 기도에 응답하시고 살아 계신 하나님의 영광을 나타내셨다.

▲ 기손 시내는 엘리야가 바알 선지자들과 대결했을 때 그들을 모두 끌고 가서 죽인 곳으로, 이스라엘 하이파에서 지중해로 흐르는 강이며 길이는 70km에 달한다. 현대에는 기손 시내 상류에 석유화학 공업단지 등이 조성된 터에, 40년 이상 유독물질이 축적되어 강에서 불이 난 사례가 있을 정도였으나, 지난 2012년 입찰을 받은 캐나다 회사 EnGlobe의 정화 프로젝트를 통해 현재는 상당히 깨끗해졌으며 인근에는 공원이 조성되어 있다.

출처 : Hanay, CC BY-SA 3.0 〈https://creativecommons.org/licenses/by-sa/3.0〉, via Wikimedia Commons

▲ 갈멜산에서 바라본 기손 시내(도로 옆 작게 굽어진 곳)

출처: patrick brennan, CC BY 2.0 〈https://creativecommons.org/licenses/by/2.0〉, via Wikimedia Commons

5. 소금의 기도

엘리야가 850명의 거짓 선지자와 맞설 수 있던 까닭은 하나님께서 함께할 것이라는 확신과 언약의 말씀을 이룰 것이라는 믿음이 있었기 때문이다. 어쩌면 우리는 어려운 시험과 고난 가운데 바알 선지자들처럼 기도하고 있는지 모른다. 몸을 혹사하며 하는 언약의 말씀이 빠진 금식 기도를 간절한 기도라 생각하는지도 모른다.

결코 이러한 기도의 모양이 잘못되었다는 것이 아니다. 단지 바알 선지자들처럼 몸부림치는 기도만을 간절한 기도로 여기고 가장 중요한 소금 언약을 놓치고 있지 않은지 점검해야 한다. 우리의 중심에는 소금의 말씀을 담아야 하며 우리의 기도는 변하지 않는 소금 언약을 붙들어야 한다.

하나님은 우리가 소금 언약을 붙들고 믿음으로 영원한 제사를 드릴 때 비로소 기쁘게 응답하신다. 엘리야는 바알 선지자들의 피가 땅에 뿌려졌을 때 이미 하나님의 언약이 성취되었음을 굳게 믿었다. 아직 비가 오지도 않았음에도 그는 아합왕에게 먹고 마시라고 자신 있게 말할 수 있었다.

이후 사환이 찾아와 일곱 번까지 비가 오지 않는다고 보고 할지라도 그는 하나님의 말씀이 이루어질 것을 믿고 기다렸다. 하나님께서는 엘리야의 믿음을 보시고 땅에 큰 비를 허락하셨다.

하나님께서 응답하신다는 믿음만 있다면 그 확신을 바탕으로 우리는 기다릴 수 있어야 한다. 100세까지 아이를 사모하며 믿음으로 기다린 아브라함의 모습, 언약을 성취하사 마침내 큰 비를 내리실 것을 담대히 믿은 엘리야의 믿음을 본받아 우리 기도에 담아야 한다.

하나님의 영원하신 말씀은 그를 믿는 자들의 삶 가운데 반드시 역사하신다. 말씀을 이루겠다 약속하신 소금 언약, 변치 않는 언약을 믿고 기다리는 성도로 변모해야 한다.

만일 우리가 바알 선지자처럼 기도하다가 기도가 응답된다면 자칫 우리는 그 응답이 나의 노력과 수고 덕분이라고 착각할지 모른다. 나의 열과 성을 다한 기도가 하나님을 감동시켜 응답되었다고 생각하는 우리의 모습을 벗어 던지고 오직 믿음으로 하나님 앞에 나아가야 한다.

하나님의 약속을 믿고, 반드시 응답될 것이라는 확신의 기도를 통해서만 하나님의 의가 높아질 수 있다. 나의 나 된 것은 오직 하나님 은혜다.

세상의 법은 여러 모양으로 존재한다. 각 나라는 서로 다른 법을 세웠고 여러 시에서는 다양한 조례가 적용되고 있으며 심지어 사적인 작은 모임에도 초등학교의 각 학급도 자신들만의 규칙을 세워 지키고 있다. 세상은 법을 통해 죄인을 벌하기도 하고 의인에게 상을 주기도 한다. 그러나 세상의 법과 하나님의 법이 결정적으로 다른 것은, 하나님의 법은 천군과 천사를 부리는 권능이 있다는 것이다.

세상의 법은 경찰이나 군대를 움직일 수 있으나 천군과 천사를 움직일 수는 없다. 영의 세계를 움직이고 천군과 천사를 부리는 권능은 오직 하나님의 법이다. 하나님의 법에 따라 천군과 천사들은 하나님의 말씀에 순종하는 자를 축복하고, 불순종하는 자를 저주한다.

거장 레오나르도 다빈치의 작품 중 최고로 꼽히는 〈최후의 만찬〉은 이후 여러 화가들에 의해 재해석되곤 했다. 현대 팝아트의 대가 앤디 워홀도 최후의 만찬을 리마스터했음은 물론, 로마 출신의 이탈리아 모자이크 제작자 지아코모 라파엘리는 나폴레옹의 명으로 최후의 만찬을 재창조하기도 했다.

라파엘리가 모자이크로 재창조한 최후의 만찬은, 이후 '엎질러진 소금(Spilling salt)'이라고 불리기도 했다. 작가 라파엘리는 작품 안에 가롯 유다가 소금통을 쏟는 장면을 섬세히 묘사했기 때문이다. 그림 속 가롯 유다는 유대 제사장에게 받은 것으로 보이는 은화 주머니를 들고 팔꿈치로 소금통을 넘어뜨린 모습을 하고 있다. 라파엘리는 작품을 통해 가롯 유다가 물질에 눈이 멀어 소금으로 상징되는 영생, 그 십자가의 은혜를 쏟아버리게 되었다는 메시지를 담은 것이다.

예수님께서는 **소금이 좋은 것이나 소금도 만일 그 맛을 잃으면 무엇으로 짜게 하리요(눅 14:34)**라고 말씀하신다. 소금은 짠맛을 내야만 비로소 소금으로서의 가치가 있다. 우리 또한 그리스도인으로서의 가치를 가지기 위해서는 영원한 속죄에 대한 감사를 잃지 않아야 한다. 소금통을 엎은 가롯 유다의 모습은 예수님께서 영원한 구원자이심을 믿지 못하는 것과 같다.

이스라엘 백성에게 하나님은 명령과 규례와 법도를 주셨다. 하나님께서 주신 이 법은 이스라엘이 만든 법이 아니었으며, 이스라엘이 요구한 법도 아니었다. 오직 하나님께서 이스라엘 백성에게 일방적으로 주신 법이다. 그리고 그 법을 지키는 자에게 가나안 땅의 축복을 허락하셨다.

하나님의 법을 지키는 자는 땅의 저주가 있어도 하늘에서 풀리는 역사가 일어난다. 여호와의 법도를 믿고 영원하신 소금 언약을 가진 자는 비를 내리게도, 그치게도 하며 네 양동이나 물을 퍼부은 도랑에도 불을 내리시는 하나님께서 모든 상황 가운데 함께하신다.

우리 삶과 기도에는 반드시 십자가의 소금 언약이 필요하다. 소금은 영원하며 절대 부패하지 않는다. 비록 소금을 따르는 삶이 조금 힘들고 어려울 수 있다. 그러나 영원한 소금 언약을 기뻐 받으시는 하나님께서는 우리가 드리는 소금의 기도에 반드시 응답하신다.

"네 모든 소제물에 소금을 치라 네 하나님의 언약의 소금을 네 소제에 빼지 못할지니 네 모든 예물에 소금을 드릴지니라"(레 2:13).

▲ 〈지아코모 라파엘리가 모자이크로 재창조한 최후의 만찬 (위). 라파엘리는 그림에서 가롯 유다가 소금통을 쏟는 장면을 상세히 묘사했다 (아래).

1796년, 밀라노를 점거한 나폴레옹은 다빈치의 '최후의 만찬'을 본 후 그를 통째로 프랑스로 옮기고자 했다. 그러나 벽에 그려진 그림을 옮길 수 없던 노릇이었기에 이탈리아의 모자이크 제작자 지아코모 라파엘리에게 같은 작품의 제작을 의뢰한다. 라파엘리는 작품 제작을 위해 8년이란 시간을 보냈으며 그림이 완성되었을 때, 나폴레옹은 이미 실각해 그림을 지켜보지 못했다고 한다.

생각열기

우리 기도에 영원한 소금 언약을 담아야 하는 이유는 무엇인가?

그리스도 예수께서 우리의 영원한 대속제물이 되어 주심을 믿고, 회개에 대한 우선순위를 묵상하며 기도해 보자.

6

분향단과 조각목

1. 금을 입은 조각목

"너는 분향할 제단을 만들지니 곧 조각목으로 만들되 길이가 한 규빗, 너비가 한 규빗으로 네모가 반듯하게 하고 높이는 두 규빗으로 하며 그 뿔을 그것과 이어지게 하고 제단 상면과 전후 좌우 면과 뿔을 순금으로 싸고 주위에 금 테를 두를지며"(출 30:1-3).

하나님께서는 분향단을 조각목으로 만들라고 명령하셨다. 조각목으로 쓰이는 싯딤나무는 참 볼품없는 나무다. 아카시아나무와 닮은 싯딤나무는 땔감으로나 사용할 수 있을 만큼 쓸모없는 나무다.

성경에서는 **내버려질 가시나무 같으니 이는 손으로 잡을 수 없음이로다 그것들을 만지는 자는 철과 창자루를 가져야 하리니 그것들이 당장에 불살리리로다 하니라**(삼하 23:6-7)라며 불태워질 가시나무 같다고 언급한다.

그러나 하나님께서는 거룩한 분향단을 만들 때 조각목을 선택하셨다. 하나님께서는 이 쓸모없는 가시나무를 성전의 물두멍과 금촛대와 법궤를 덮는 속죄소를 제외한 거의 모든 곳에 거룩한 재료로 사용하셨다.

마찬가지로 하나님께서는 싯딤나무와도 같은 우리 인생을 다듬어 사용하신다.

거친 광야에서 싯딤나무는 듬성듬성 자란다. 그러나 성전 건축자들은 그 가치 없는 한 그루의 나무를 찾기 위해 멀고 먼 광야 길을 떠나야 했다.

우리 영혼을 살리고 구원하기 위한 하나님의 마음도 성전 건축자들 같다. 하나님께서는 지금도 우리를 택하시고 우리를 살리기 위해 잃어버린 영혼을 찾으신다.

조각목으로 쓰이는 싯딤나무는 볼품없을 뿐 아니라 쓸모없는 나무이다. 뿌리가 잘린 싯딤나무는 적은 비에도 금세 썩어버리고 비틀리며 갈라진다. 수많은 가시가 작업을 방해하기 때문에 하나님은 싯딤 나무를 자르고 다듬어서 놋이나 금으로 둘러싸 사용하신다.

"너는 분향할 제단을 만들지니 곧 조각목으로 만들되 길이가 한 규빗, 너비가 한 규빗으로 네모가 반듯하게 하고 높이는 두 규빗으로 하며 그 뿔을 그것과 이어지게 하고 제단 상면과 전후 좌우 면과 뿔을 순금으로 싸고 주위에 금테를 두를지며"(출 30:1-3).

볼품없는 싯딤나무는 조각목이 되어 금이나 놋으로 둘러싸였을 때, 비로소 거룩한 성전의 귀한 재료로 사용될 수 있다.

▲ 참으로 듬성듬성 자라는 싯딤나무는 가시가 나고 모난 모습이었으나, 놋과 금에 싸여 비로소 성전의 거룩한 기구들로 쓰임받았다.

하나님께서는 조각목을 순금으로 싸고 금테를 둘러 조각목이 드러나지 않게 만드셨다. 속은 여전히 조각목일지라도 반짝이는 금 모양으로 거듭난 조각목은 비로소 성소 건축에 사용되었다.

비루하며 못난 조각목은 우리를 의미하며 조각목을 둘러싼 금은 곧 예수 그리스도의 신성을 뜻한다.

우리 성도들 또한 예수 그리스도의 신성으로 둘러싸여야 한다.

이리저리 뒤틀린 싯딤나무는 가시도 많고 쓸모가 없어 거룩한 성전에서 쓰임 받기 위해서는 용도에 맞게 조각나야 했다.

우리에게도 이러한 역사가 임해야 한다.

나의 본성을 내려놓고 주 앞에서 다듬어져 하나님 나라를 세우는 데 사용되어야 한다.

내 모습이 잘게 조각나지 않고 예수의 반짝이는 신성으로 둘러싸이지 아니한 상태에 머무른다면, 결코 우리는 하나님 성전에서 사용될 수 없다. 가마에서 불살라질 뿐이다.

성막과 기구들을 만드는데 이용된 싯딤나무는 히브리어로 쉬팀(םיטש)이라고 하며, 영어로는 아카시아(acasia)라고 하는 나무다.

이 나무는 우리가 흔히 아는 아카시아와는 다른 품종이다. 한국의 아카시아의 정식 명칭은 '아까시나무'로, 콩과의 식물이다.

아까시나무의 정식 학명에는 가짜 아카시아라는 뜻이 담겼으며, 6.25전쟁 이후 국토의 산림녹화를 위해 대량으로 심겼다.

▲ 이스라엘 광야의 싯딤나무가 주는 의미를 되새기며(저자)

하나님께서는 우리의 기도도 마치 조각목과 같기를 원하신다. 순금으로 반짝이는 성소 안에서 더는 볼품없는 조각목의 모습을 찾아볼 수 없듯 우리 또한 나의 모습과 의를 드러내지 않고 오직 그리스도의 영광을 좇으며 기도해야 한다. 조각목이 드러나는 순간 하나님께 쓰임 받을 수 없다.

순금으로 둘러싸이지 않은 조각목은 연약하기만 하다. 예수님의 신성으로 둘러싸이지 않은 우리 또한 너무도 연약한 모습이다. 조각목이 뒤틀리고 메마르기 전에 순금을 입듯, 우리 또한 비틀리고 메마르기 전에 예수님으로 싸여야 한다.

그리스도 예수 안에 있으면서도 나의 의를 높이고 있다면, 내 공의가 성전에서 예수님보다 높아지는 것이다. 나의 공의가 높을 때 우리는 예수님보다 자기를 높이는 바리새인과 같은 사람이 된다.

나의 의를 내려놓고 예수님의 신성으로 둘러싸여 성전에서 쓰임받는 우리가 되어야 한다.

하나님께서는 가장 거룩한 성전의 기구로 가장 못난 조각목을 택하셨다. 이러한 조각목을 성전의 기둥으로 세우셨으며 법궤와 떡상과 분향단으로도 사용하셨다.
하나님께서는 우리와 같은 연약한 인생을 들어 쓰시는 분이다. 비록 내가 가시나무 같고 못난 모습이라 할지라도 하나님께서는 나를 다듬어 쓰신다. 나를 찾기 위해 온 광야를 헤매 다니셨던 분이다.

싯딤나무는 유향나무와 비슷하게 생겼다. 그러나 유향나무는 자기 생명이 다하는 그날까지 상처를 감당하며 유향과 열매를 아낌없이 내어준다. 반면에 조각목은 어떠한가? 목수에게 선택받지 못한 조각목은 세상 끝날까지 볼품없는 나무로 생을 마감할 뿐이며 작은 바람에도 떨며 가시 부딪히는 광야의 볼품없는 나무일 뿐이다.

"그런즉 자랑할 데가 어디냐 있을 수가 없느니라 무슨 법으로냐 행위로냐 아니라 오직 믿음의 법으로니라"(롬 3:27).

법궤가 있는 지성소는 하나님의 영광이 있는 곳이었기에 대속죄일을 치르는 최초의 대제사장 아론조차 자기 죄에 대한 값으로 수송아지를 잡고 속죄를 드린 후에야 비로소 성전으로 나아갈 수 있었다.

그러나 그것만으로는 자신의 죄가 모두 가려질 수 없으므로 그는 지성소에 들어갈 때 향로를 가지고서 향로의 향을 지성소에 가득 채워 자신을 가렸다.

향으로 자신의 모든 인성을 가리지 아니하고서는 모든 죄와 불법이 가려지지 않기에 죽음에 이른다.

"아론은 자기를 위한 속죄제의 수송아지를 드리되 자기와 집안을 위하여 속죄하고 자기를 위한 그 속죄제 수송아지를 잡고 향로를 가져다가 여호와 앞 제단 위에서 피운 불을 그것에 채우고 또 곱게 간 향기로운 향을 두 손에 채워 가지고 휘장 안에 들어가서 여호와 앞에서 분향하여 향연으로 증거궤 위 속죄소를 가리게 할지니 그리하면 그가 죽지 아니할 것이며"(레 16:11-13).

대제사장 아론조차 모든 허물을 가리기 위해 순금을 입은 조각목처럼 향연으로 자신을 감싼 후에야 속죄소에 피 뿌리는 사명을 감당할 수 있었다.

나의 기도가 응답되지 않는다고 낙심하는가? 나의 기도에 권능이 임하지 않는가?

그 이유는 모두 나의 의가 하나님 앞에서 자꾸 높아지기 때문이다. 나를 높이며 자랑하는 기도는 진정한 기도자의 기도가 될 수 없다. 진정한 기도자는 향을 피우면서도 그 불은 드러내지 않으며 하나님께 나아가 그 향으로 자신을 가리는 모습을 가져야 한다.

순금 같은 예수님께서는 조각목 같은 우리를 덮어주시기 위해 십자가에 달리셨다. 오직 그리스도는 우리의 죄를 위하여 영원한 제사를 드리셨으며 비로소 우리를 영원히 온전케 하셨다. 이 은혜의 역사를 믿고 그 은혜를 마음속에 새긴다면 우리는 비로소 분향단의 기도를 올릴 수 있다.

> "오직 그리스도는 죄를 위하여 한 영원한 제사를 드리시고 하나님 우편에 앉으사 그 후에 자기 원수들을 자기 발등상이 되게 하실 때까지 기다리시나니 그가 거룩하게 된 자들을 한 번의 제사로 영원히 온전하게 하셨느니라"(히 10:12-14).

우리를 그리스도의 의로 거룩케 하신 것은 오직 하나님의 은혜다. 문득 교만함이 찾아온다고 할지라도 십자가의 은혜를 기억하고 다시금 겸손한 자리로 돌아와야 한다. 보잘것없는 내 모습이 하나님 앞에 부끄러울지라도 순금 같은 예수님께서 온전히 나를 덮으신 그 은혜를 믿는다면 나는 하나님 앞에서 분향단으로 쓰임 받는 조각목이 된다.

순금으로 우리가 둘러싸일 때 비로소 하나님께서는 우리의 죄와 불법을 더는 기억하지 않으신다. 우리가 예수님을 믿는 복음의 자리에 들어왔음에도 여전히 자기의 의를 드러내는 모습이라면 금칠이 벗겨진 조각목의 모습과도 같다.

우리가 예수 그리스도 보혈의 피를 믿고 순금 같은 의로 덮였음에도 여전히 자신을 드러내는 자리에 있다면 성령께서는 우리에게 복 주시지 못한다. 칠이 벗겨진 분향단은 결코 성소에서 쓰임 받지 못한다. 어찌 자기의 의를 드러내는 모습으로 하나님 앞에 설 수 있겠는가?

우리는 예수 그리스도로 말미암아 점도 흠도 없이 완전케 된 자들이다.

> "그가 찔림은 우리의 허물 때문이요 그가 상함은 우리의 죄악 때문이라 그가 징계를 받으므로 우리는 평화를 누리고 그가 채찍에 맞으므로 우리는 나음을 받았도다 우리는 다

양 같아서 그릇 행하여 각기 제 길로 갔거늘 여호와께서는 우리 모두의 죄악을 그에게 담당시키셨도다"(사 53:5-6).

이미 거룩함을 입은 우리가 부지중에 죄를 범할지라도 두려워하지 않을 까닭은 오직 의로우신 우리 주 예수 그리스도가 있기 때문이다. 예수님께서는 하나님 우편에서 우리의 대언자가 되어 주시는 분이다.

"나의 자녀들아 내가 이것을 너희에게 씀은 너희로 죄를 범하지 않게 하려 함이라 만일 누가 죄를 범하여도 아버지 앞에서 우리에게 대언자가 있으니 곧 의로우신 예수 그리스도시라"(요일 2:1).

하나님께서는 우리의 허물 때문에 예수님을 찔리게 하셨고, 우리의 죄악으로 인하여 예수님을 상하게 하셨다. 예수님이 징계받음으로 우리는 평화를 얻었으며, 예수님께서 맞은 채찍으로 우리는 나음을 입을 수 있었다.

예수님은 우리 죄의 값을 치르기 위한 속건제가 되셨다. 예수님께서 우리의 대언자가 되셨다는 것은 곧 하나님께서 우리를 위한 속건제물로 예수님을 받으셨다는 것이다.

"여호와께서 그에게 상함을 받게 하시기를 원하사 질고를

당하게 하셨은즉 그의 영혼을 속건제물로 드리기에 이르면 그가 씨를 보게 되며 그의 날은 길 것이요 또 그의 손으로 여호와께서 기뻐하시는 뜻을 성취하리로다"(사 53:10).

2. 영원한 면류관을 사모해야 한다

예수님께서는 우리를 위해 십자가에 달리셨고 찔림을 입으셨으며 가시면류관을 감당하셨다.

우리는 예수님께서 쓰신 그 가시면류관을 기억해야 한다. 가시면류관으로 인해 흘리신 그 피를 기억하지 않는 성도라면 나의 의가 예수님보다 높은 것은 아닌지 돌아보아야 한다.

성경에서는 예수님의 면류관 이외에도 다양한 면류관의 모습이 묘사된다.

데살로니가전서에서 바울은 자신이 받을 기쁨의 면류관이 성도라고 고백했다.

> "우리의 소망이나 기쁨이나 자랑의 면류관이 무엇이냐 그가 강림하실 때 우리 주 예수 앞에 너희가 아니냐 너희는 우리의 영광이요 기쁨이니라"(살전 2:19-20).

예수님께서 이 땅에 다시 오실 그날에 하나님 앞에 선 성도들의 아름다운 모습을 자신의 상급으로 여긴다는 것이다. 사도 바울은 많은 성도가 말씀으로 온전하게 서는 것을 자신의 기쁨으로 여긴 충성된 종이었다.

디모데에게 보낸 서신에서 바울이 언급한 면류관은 '의의 면류관'이다. 일평생 선한 싸움을 싸웠으며 믿음으로 하나님 앞에 굳게 선 바울은 의의 면류관이 예비되었음을 믿었다.

> "전제와 같이 내가 벌써 부어지고 나의 떠날 시각이 가까웠도다 나는 선한 싸움을 싸우고 나의 달려갈 길을 마치고 믿음을 지켰으니 이제 후로는 나를 위하여 의의 면류관이 예비되었으므로 주 곧 의로우신 재판장이 그날에 내게 주실 것이며 내게만 아니라 주의 나타나심을 사모하는 모든 자에게도니라"(딤후 4:6-8).

사도 바울은 끝까지 선한 싸움을 싸우고 달려갈 길을 완수했기에 의의 면류관을 사모할 수 있었다.

의의 면류관은 예수 그리스도를 단순히 믿는 자들에게 주어지는 상급이 아니다. 아무리 우리가 구원에 이른 자라 할지라도 면류관을 목표해 비전으로 삼고 달리는 자가 아니면 얻을 수 없다. 하나님께서는 사명을 붙들고 달리는 자를 위해 면류관을 예비하시는 분이다.

시편에서 다윗은 '금 면류관'을 이야기한다.

다윗은 우리가 믿음을 붙들고 이 세상 광야길을 마치는 그날, 하나님께서 아름다운 복으로 우리를 영접하시고 정금 면류관을 머리에 씌우실 것을 기대했다.

> "여호와여 왕이 주의 힘으로 말미암아 기뻐하며 주의 구원으로 말미암아 크게 즐거워하리이다 그의 마음의 소원을 들어 주셨으며 그의 입술의 요구를 거절하지 아니하셨나이다 (셀라) 주의 아름다운 복으로 그를 영접하시고 순금 관을 그의 머리에 씌우셨나이다 그가 생명을 구하매 주께서 그에게 주셨으니 곧 영원한 장수로소이다"(시 21:1-4).

하나님께서는 우리를 영접하실 때 머리에 씌워 주실 면류관을 준비하신다.

우리는 비록 육신을 입고 세상에 오신 예수님에게 가시면류관을 씌워드렸으나 예수님은 정금 면류관으로 우리를 맞이하신다. 천국의 소망을 간직하고 자신을 감추고 예수님을 높이며 이 땅을 살아갈 때, 하나님께서는 나를 위한 황금 면류관을 준비하신다.

예수님께서는 유향처럼 우리를 대신해 상처 입어 돌아가셨고, 우리는 그 피를 믿음으로 거룩한 성소로 나아갈 수 있다. 그리고 우리는 하나님의 의로운 백성이 되어, 하나님께서 예비하신 다양한 면류관을 쓰고 승리할 수 있어야 한다. 요한계시록에서 사도 요한은 **내가 속히 오리니 네가 가진 것을 굳게 잡아 아무도 네 면류관을 빼앗지 못하게 하라**(계 3:11)고 권면한다. 면류관을 굳게 잡아야 한다.

우리는 썩지 않을 영원한 면류관을 위해 절대 포기해서는 안 된다. 믿음을 지킴으로 의의 면류관을 품어야 하며 끝까지 사명을 감당하는 자세를 견지해야 한다.

"운동장에서 달음질하는 자들이 다 달릴지라도 오직 상을 받는 사람은 한 사람인 줄을 너희가 알지 못하느냐 너희도 상을 받도록 이와 같이 달음질하라 이기기를 다투는 자마다 모든 일에 절제하나니 그들은 썩을 승리자의 관을 얻고자 하되 우리는 썩지 아니할 것을 얻고자 하노라 그러므로 나는 달음질하기를 향방 없는 것같이 아니하고 싸우기를 허공을 치는 것같이 아니하며"(고전 9:24-27).

세상일 가운데 우리는 흔들리기도 하고 상처받기도 하며 실족하기도 한다. 우리가 상처 받고 실족할 때 우리는 예수 그리스도의 십자가 은혜를 떠올려야 한다. 예수님께서 대신 지신 십자가의 무게로 우리는 이미 나음을 받았으며, 예수님께서 순금처럼 반짝이는 보혈의 은혜로 우리를 덮으셨기에 지금 이 자리에 설 수 있게 되었다. 마음속에 품고 있던 조각목의 속성은 예수님의 신성으로 덮였다. 우리가 세상 가운데 여전히 실족하고 상처를 가지고 있다면 십자가의 도를 굳게 믿는 것이 아니다.

깎이고 금으로 뒤덮일 것을 두려워하는 조각목은 결코 거룩한 성소에 쓰임 받을 수 없다. 예수님께서 주신 은혜와 사랑을 알지 못한 우리에게는 결코 하나님이 역사하지 않으신다. 하나님께서 우리에게 허락하신 사명을 끝까지 내려놓지 않고 귀하게 감당하여 생명의 면류관을 얻어야 한다.

> "너는 장차 받을 고난을 두려워하지 말라 볼지어다 마귀가 장차 너희 가운데에서 몇 사람을 옥에 던져 시험을 받게 하리니 너희가 십 일 동안 환난을 받으리라 네가 죽도록 충성하라 그리하면 내가 생명의 관을 네게 주리라"(계 2:10).

요한계시록에서 이십사 장로들은 예수 그리스도 앞에서 자기의 면류관을 내려놓는다.

> "이십사 장로들이 보좌에 앉으신 이 앞에 엎드려 세세토록 살아 계시는 이에게 경배하고 자기의 관을 보좌 앞에 드리며 이르되"(계 4:10).

예수님께서는 내게 거룩한 옷을 입히시고 의의 면류관, 기쁨의 면류관, 생명의 면류관을 허락하셨으나 당신은 여전히 피 묻은 세마포 옷을 입으시고 십자가와 가시관의 상흔(傷痕)을 지니신 채 나를 맞으신다.

우리에게 썩지 않는 신령한 옷을 허락하신 예수 그리스도께서는 천국에 계심에도 여전히 피의 옷을 입고 우리를 맞으신다. 그 크신 사랑을 기억해야 한다. 순금과도 같은 예수님께서는 조각목처럼 보잘것없는 우리를 그 보혈의 귀한 피로 덮기 위해 십자가의 고통을 감당하셨다.

"나팔 소리가 나매 죽은 자들이 썩지 아니할 것으로 다시 살아나고 우리도 변화되리라 이 썩을 것이 반드시 썩지 아니할 것을 입겠고 이 죽을 것이 죽지 아니함을 입으리로다 이 썩을 것이 썩지 아니함을 입고 이 죽을 것이 죽지 아니함을 입을 때에는 사망을 삼키고 이기리라고 기록된 말씀이 이루어지리라"(고전 15:52-54).

그렇기에 우리는 결코 예수님 앞에서 금 면류관을 자랑할 수 없다. 나의 나 된 것은, 나의 의가 아닌 하나님의 사랑과 예수 그리스도의 보혈로 우리를 덮으셨기 때문이다.

우리는 예수님께서 주신 사명을 회복해야 한다.

기둥 없는 건물은 있을 수 없다. 비록 조각목과 같은 보잘것없는 인생, 초라한 인생일지라도 하나님께서는 우리를 거룩한 신성으로 덮어 사용하신다. 순금 같은 주의 보혈로 덮여 한 점의 의로움도 내세우지 않고 성소의 기둥으로 사용되어야 하며 성전의 여러 도구로 다양하게 쓰임 받는 은혜가 임해야 한다.

그것이 이 땅을 살아가는 그리스도인의 사명이다. 예수님께서는 조각목의 기도를 회복하는 우리를 위해 하늘의 면류관을 예비하신다. 이십사 장로들조차 예수님 앞에서 자신의 면류관을 내려놓았다. 장로들의 이 모습이야말로 면류관까지도 오직 예수님께서 예비하신 것임을 믿는 진정한 예배자의 자세다.

궁극적으로 우리에게 주신 모든 것은 예수님의 크신 은혜다. 우리는 예수님 앞에서 철저히 낮아지고 산산이 부서져야 하며, 보혈의 피로 영원히 가려져야 한다.

결국 우리는 예수님께서 주신 사명을 붙들어야 한다. 예수님께서 주신 것을 결코 나를 위해 자랑하지 않으며, 성소의 도구들로 쓰임 받을 수 있는 모든 것이 예수님의 은혜임을 고백하는 예배자가 되어야 한다.

> "나는 선한 싸움을 싸우고 나의 달려갈 길을 마치고 믿음을 지켰으니 이제 후로는 나를 위하여 의의 면류관이 예비되었으므로 주 곧 의로우신 재판장이 그날에 내게 주실 것이며 내게만 아니라 주의 나타나심을 사모하는 모든 자에게도니라"(딤후 4:7-8).

생각열기

나는 예수를 입음으로 온전케 되었는가? 예수로 둘러싸였음에도 나의 의를 높이고 있지는 않았는지 돌이켜보자.

내가 그리스도의 면류관을 얻기 위해 가장 먼저 해야 할 일은 무엇인가?

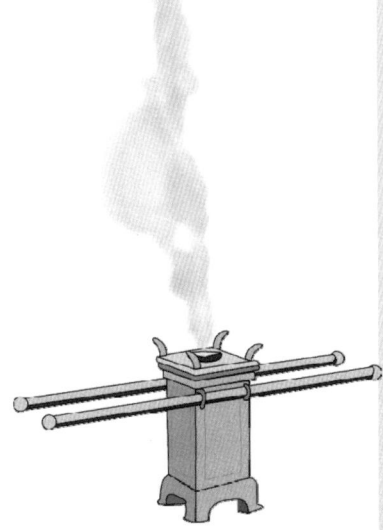

7

분향단의 기도

1. 우리의 기도에 향을 담아야 한다

출 애굽기 30장은 분향단에 대해 자세히 설명한다. 소합향과 나감향, 풍자향과 유향, 그리고 소금의 의미까지 깨달은 지금, 이 분향단과 향은 우리가 올릴 기도의 모습임을 알아야 한다.

　제사장은 매일 아침과 저녁마다 분향단에 향기로운 향을 살랐다. 하나님께서는 제사장에게 향을 사를 때에 다른 향을 사르지 말라고 분명히 말씀하시며, 하나님께 올리는 향은 법대로 만들라고 명하셨다.
　제사장에게 하신 이 말씀은 우리가 항상 쉬지 않고 기도해야 한다는 것과 하나님께서 원하시는 법대로 기도해야 함을 의미한다. 성소에서 이 향을 끊지 못하리라 말씀하신 하나님께서는 쉬지 않고 기도하는 우리의 모습을 기뻐하심은 물론, 기도를 올릴 때 당신께서 정하신 법도대로 기도하기를 원하신다.

　제사장은 소합향과 나감향, 풍자향과 유향에 소금을 쳐서 그 향을 성결하게 했다. 제사장처럼 우리도 기도에 소합향과 나감향, 풍자향과 유향, 그리고 소금을 담아야 한다. 하나님께서 기뻐 받으시는 향은 결국 성도의 기도다.

> "그 두루마리를 취하시매 네 생물과 이십사 장로들이 그 어린 양 앞에 엎드려 각각 거문고와 향이 가득한 금 대접을 가졌으니 이 향은 성도의 기도들이라"(계 5:8).

기도는 결코 일회성에 그쳐서는 안 된다. 어떤 문제가 닥쳤을 때, 시험에 들었을 때, 축복을 구할 때만 기도하고, 나에게서 문제가 해결되었을 때 하나님과의 관계가 소원해지곤 한다면, 이것이야말로 나약한 기도의 습관이 아닐 수 없다.

우리는 항상 기도의 향을 꺼뜨리지 않아야 하는 사명이 있다. 쉬지 말고 기도하라 하신 이가 우리의 하나님이다. 일천번제를 드리고, 40일 금식기도를 하며, 21일 작정기도 같은 일시적인 기도를 하나님은 원하지 않으신다. 중요한 것은 일천번제나 금식기도가 아니라, 쉬지 않고 변함없이 드리는 믿음의 기도야말로 우리가 가져야 할 기도의 참 습관이다.

마지막 사사이자 선지자였던 사무엘은 여호와 앞에서 기도 쉬는 것을 '죄'라고 말했다. 이처럼 사무엘은 기도의 사명을 품고 하나님 앞에 온전하게 나아갔다.

"나는 너희를 위하여 기도하기를 쉬는 죄를 여호와 앞에 결단코 범하지 아니하고 선하고 의로운 길을 너희에게 가르칠 것인즉"(삼상 12:23).

우리 또한 사무엘의 기도 습관을 본받아야 한다. 하나님께서는 기도의 향이 여호와 앞에서 대대로 끊어지지 않아야 함을 말씀하셨다. 정말 중요한 것은 우리의 기도에 하나님께서 기뻐 받으시는 향을 담고, 삶이 다하는 그날까지 쉬지 않고 기도해야 한다는 것이다.

"또 저녁 때 등불을 켤 때에 사를지니 이 향은 너희가 대대로 여호와 앞에 끊지 못할지며"(출 30:8).

또 가로와 세로 한 규빗으로 정사각형의 모습을 한 분향단은 우리의 기도가 좌로나 우로 치우치지 않아야 함을 의미한다. 그러나 우리의 기도는 어떤가. 우리의 기도가 그의 나라와 의를 먼저 구하지 않은 것은 아닌지, 나만의 방식대로 기도하고 있지는 않았는지, 과연 그것이 하나님께서 기뻐 받으시는 기도였는지 되돌아봐야 한다.

물론 나만의 방식으로 기도하는 것이 잘못되었다는 것은 아니다. 각자의 방식과 각자의 간절함은 모두 다를 것이며, 결단으로 나아가는 무릎을 주께서는 기뻐 받으실 수 있다.

그러나 우리에게 닥친 진정한 문제는 우리의 기도에 향을 담지 못하는 데 있음을 기억해야 한다.

▲ 이스라엘 팀나국립공원에 조성된 성막 모형

이스라엘 백성을 애굽 땅에서 구원하신 하나님께서는 모세에게 계명을 주시고, 여호와께서 거하실 거룩한 장소를 짓게 명하신다.

지성소와 성소는 휘장으로 엄격히 구분되어 있었으며 성소의 기둥 5개는 모세5경을, 지성소에 위치한 4개의 기둥은 4복음서를 각각 의미한다. 이스라엘이 애굽을 나선 후, 성막이 세워지면서부터 하나님께서는 지성소에서 이스라엘과 함께하셨다. 성막은 부족한 인간이 거룩한 하나님을 만나기 위해 어떤 방법을 거쳐야 하는지를 가르친다.

법대로 향을 만들라고 명하신 하나님께서는 우리의 기도에도 향을 담아야 한다고 말씀하신다. 하나님이 기뻐 받으시는 기도의 법은 사람의 의가 드러나지 않는 기도, 먼저 그의 나라를 구하는 기도, 십자가의 도를 믿는 기도, 내가 산산이 부서지는 기도 즉 소합향과 나감향, 풍자향과 유향에 소금을 합한 기도다.

우리가 나의 의를 내려놓고 십자가의 도를 세울 때 비로소 우리는 십자가의 은혜로 하나님께서 기뻐 받으시는 기도를 올릴 수 있다. 하나님께서는 법대로 명하신 향을 담은 온전한 기도만을 원하시는 분이다.

"너희는 그 위에 다른 향을 사르지 말며 번제나 소제를 드리지 말며 전제의 술을 붓지 말며"(출 30:9).

성막 성소에는 금 촛대와 떡상과 분향단이 놓였다. 그리고 그룹이 수놓아진 휘장으로 가리워진 지성소 안에는 법궤와 그를 덮은 속죄소만이 존재했다.

지성소 안에 오직 법궤만을 허락하신 하나님께서는 1년에 한 번, 지성소 안에서만 인간과 대면하셨다. 또 하나님께서는 법궤 안에 증거판, 즉 계명을 기록한 거룩한 돌판을 담으라고 명하셨다.

"속죄소를 궤 위에 얹고 내가 네게 줄 증거판을 궤 속에 넣으라 거기서 내가 너와 만나고 속죄소 위 곧 증거궤 위에 있는 두 그룹 사이에서 내가 이스라엘 자손을 위하여 네게 명령할 모든 일을 네게 이르리라"(출 25:21-22).

평소 성소에서 일하던 제사장들조차 법궤가 있는 지성소 안을 함부로 쳐다보거나 들어갈 수 없었다. 거룩한 제사장들이라 할지라도 하나님께서 거하시는 거룩한 보좌에 나아간다면 사망을 면치 못했다. 이처럼 지성소는 하나님께서 임하시는 가장 존귀하고 거룩한 장소였다.

"여호와께서 모세에게 이르시되 네 형 아론에게 이르라 성소의 휘장 안 법궤 위 속죄소 앞에 아무 때나 들어오지 말라 그리하여 죽지 않도록 하라 이는 내가 구름 가운데에서 속죄소 위에 나타남이니라"(레 16:2).

그런데 신약에서는 지성소의 모습을 다소 다르게 묘사하고 있다. 히브리서에서는 법궤 안에 만나를 담은 항아리와, 아론의 싹 난 지팡이, 언약의 돌판이 담겼으며 분명 성소에 있었던 분향단이 지성소 안에 있다고 말한다.

"또 둘째 휘장 뒤에 있는 장막을 지성소라 일컫나니 금 향로와 사면을 금으로 싼 언약궤가 있고 그 안에 만나를 담은

> 금 항아리와 아론의 싹난 지팡이와 언약의 돌판들이 있고 그 위에 속죄소를 덮는 영광의 그룹들이 있으니 이것들에 관하여는 이제 낱낱이 말할 수 없노라"(히 9:3-5).

구약에서는 법궤 안에 오직 언약의 돌판만이 있었으나 아론의 싹 난 지팡이와 만나를 담은 금 항아리가 추가된 것이다.

> "그 궤 안에는 두 돌판 외에 아무것도 없으니 이것은 이스라엘 자손이 애굽 땅에서 나온 후 여호와께서 저희와 언약을 맺으실 때에 모세가 호렙에서 그 안에 넣은 것이더라" (왕상 8:9).

성경은 정녕 일점일획도 오류가 없다. 그렇다면 히브리서 기자가 전달하려 한 이야기는 무엇이었는가?

하나님께서 이스라엘 백성들에게 말씀만을 허락하신 구약시대는 예수님께서 이 땅에 오시기 이전의 시대다.

그러나 예수님께서 십자가에서 돌아가실 때 거룩하신 하나님께서는 지성소와 성소를 구분하던 휘장을 찢으셨다. 하나님께서 휘장을 찢으셨기에 백성과 하나님 사이의 경계가 없어졌으며, 우리는 누구나 하나님 앞으로 나아갈 수 있게 되었다.

법궤 안에 있는 만나는 생명의 떡이신 예수 그리스도를 의미하며 아론의 싹 난 지팡이는 우리에게 생명을 허락하시는 성령님을 뜻한다. 결국 히브리서 기자가 하려 한 말은, 예수님의 십자가의 은혜로 말미암아 성부와 성자와 성령이 함께하는 은혜의 시대로 전환되었음을 말하고 있다.

▲ 성막의 내부

성소에는 떡상과 금등대, 분향단이 있고 지성소에는 법궤가 있다.

2. 예수님께서 찢으신 성소의 휘장

구약과 신약의 성소는 또 한 가지 결정적인 차이가 존재한다. 성소에 있던 분향단이 지성소 안으로 들어왔다는 것이다.

이사야서에 따르면, 죄악이 우리와 하나님 사이를 갈라놓았으며 하나님께서는 그 죄로 말미암아 우리와 대면하지 아니하셨다.

> "여호와의 손이 짧아 구원하지 못하심도 아니요 귀가 둔하여 듣지 못하심도 아니라 오직 너희 죄악이 너희와 너희 하나님 사이를 갈라놓았고 너희 죄가 그의 얼굴을 가리어서 너희에게서 듣지 않으시게 함이니라"(사 59:1-2).

거룩하신 하나님이시기에 거룩하지 않은 인간들을 직접 만나지 아니하신 것이다. 대제사장 아론조차 1년에 한 번 지성소에 들어갈 때 수송아지를 잡아 그 피로 자기의 죄를 속죄했음은 물론, 향을 가지고 들어가 그 향연으로 지성소를 가득 채워 자신의 허물을 감춘 후에야 하나님을 만날 수 있었다.

지성소에 거하시는 하나님께서는 거룩하신 분이기에 평소 휘장으로 말미암아 하나님과 인간의 사이를 가려두셨다. 그 휘장으로 하나님께서 인간의 허물을 보지 않으셨다.

우리에게 죄가 있는 한 휘장이 있어야만 하나님 앞에서 살 수 있다. 하나님께서는 우리 인간을 살리기 위해 지성소 앞에 그룹이 수놓인 휘장을 마련하셨다. 결국, 이 휘장은 하나님께서 인간과 구분되려 하심이 아닌, 거룩한 것과 속된 것을 구분해 우리를 살리기 위함이었다. 하나님께서 휘장을 걷지 아니하시는 한 우리는 스스로 하나님 앞으로 나아갈 수 없었다.

그러나 예수님의 십자가 사건 이후 모든 것이 달라졌다. 예수님께서는 이 땅에 오시고 십자가에 달려 돌아가시며 **"다 이루었다"**고 선포하셨다.

> "예수께서 신 포도주를 받으신 후에 이르시되 다 이루었다 하시고 머리를 숙이니 영혼이 떠나가시니라"(요 19:39).

◀ 분향단 앞에 서 있는 제사장

'다 이루었다'는 말은 헬라어로 '테텔레스타이(Τετελεσται)'라고 한다. '테텔레스타이'라는 말에는 여러 가지 일상적 뜻이 담겨 있었다.

먼저 하나님께 제사를 올리는 제사장들은 백성들의 제물을 살피고 흠 없이 온전할 경우, "테텔레스타이"라고 외쳤다고 한다. 또 예술가들은 자신의 작품이 완벽하게 완성되었을 때 "테텔레스타이"라고 외쳐 부르며 즐거워했고, 노예는 자신의 주인이 맡기신 일을 완수했을 때 "테텔레스타이"를 외치며 보고했다. 그리고 상인들은 모든 값을 치르고 거래를 완료했을 때 "테텔레스타이"를 외쳤다.

예수님께서 외친 "테텔레스타이(Τετελεσται)"는 결국 그리스도 자신이 '흠 없는 제물'이라는 뜻과 '구원'이라는 완벽함을 이루셨다는 뜻이다. 그리고 하나님께서 맡기신 일을 완수하셨다는 뜻과 인류가 지닌 모든 죄의 값을 치르셨다는 뜻을 내포한 가장 큰 희망의 선포였다. 예수님께서 십자가에서 테텔레스타이를 선포하실 때 성소의 휘장이 위에서부터 아래로 찢어지는 역사가 나타났다.

"예수께서 다시 크게 소리 지르시고 영혼이 떠나시니라 이에 성소 휘장이 위로부터 아래까지 찢어져 둘이 되고 땅이 진동하며 바위가 터지고"(마 27:50-51).

성소와 지성소를 엄격히 구분하던 휘장은 매우 튼튼했다. 유대

전승에 의하면 말이나 황소 두 마리가 양쪽에서 잡아당겨도 찢어지지 않을 만큼 매우 견고했다고 한다. 이처럼 견고했던 휘장이 찢어지는 놀라운 역사가 벌어진 것이다.

이렇듯 견고한 휘장이 위에서 아래로 찢어진 것은 결국 하나님께서 직접 휘장을 찢으신 것이다. 히브리서 기자는 예수 그리스도의 육체가 휘장이라고 설명한다.

> "그 길은 우리를 위하여 휘장 가운데로 열어 놓으신 새로운 살 길이요 휘장은 곧 그의 육체니라"(히 10:20).

하나님께서 예수님이 십자가에서 죽으신 이후 휘장을 찢으신 것은, 이제부터는 물리적 휘장이 하나님과 우리 사이에 존재하는 것이 아니라 예수님께서 휘장이 되심으로 하나님과 우리 사이에 중보자가 되어주신다는 것이다.

> "나의 자녀들아 내가 이것을 너희에게 씀은 너희로 죄를 범하지 않게 하려 함이라 만일 누가 죄를 범하여도 아버지 앞에서 우리에게 대언자가 있으니 곧 의로우신 예수 그리스도시라"(요일 2:1).

이제 우리가 지극히 거룩한 지성소로 나아가기 위해서는 우리에게 오직 예수 그리스도가 있어야 한다. 그리스도 예수가 우리 앞에 계시지 않으면 우리는 결코 하나님을 만날 수 없다.

"예수께서 이르시되 내가 곧 길이요 진리요 생명이니 나로
말미암지 않고는 아버지께로 올 자가 없느니라"(요 14:6).

예수님께서 십자가에서 우리 죄의 값을 모두 치르셨고 모든 사명을 완수하셨음에도 우리가 여전히 이 도를 믿지 않는다면 여전히 나와 하나님 사이는 휘장으로 가로막혀 있는 것이며, 그로 인해 성부와 성자, 그리고 성령께서 역사하실 수 없다.

대제사장은 두렵고 떨리는 마음으로 하나님 앞에 나아갔다. 그가 속죄소에 제물의 피를 뿌리고 하나님을 만났다면, 우리는 히브리서에서 말한 **그러므로 형제들아 우리가 예수의 피를 힘입어 성소에 들어갈 담력을 얻었나니**(히 10:19)라는 말씀처럼 영원한 속죄를 이루신 예수님의 피를 힘입어 담대히 하나님께 나아갈 수 있음을 믿어야 한다.

예수 그리스도는 우리의 죄를 위해 영원한 제사를 드리시고 하나님 우편에 앉으셨다. 우리의 죄에 대한 셈을 이미 끝내신 분이다.

"오직 그리스도는 죄를 위하여 한 영원한 제사를 드리시고
하나님 우편에 앉으사"(히 10:12).

이 십자가의 도를 믿지 못한다면 우리는 여전히 1년에 한 번만 지성소에 들어가 하나님을 만나야 한다. 우리가 날마다 하나님을

만날 수 있는 은혜의 역사도 없었을 것이다. 또 십자가의 도를 믿지 못한다면 여전히 나와 하나님 사이는 휘장으로 가로막혀 있으며, 하나님을 만나기 위해서는 대제사장을 통해야 했을 것이다. 그러나 십자가의 도를 믿음으로 예수님께서 나의 영원한 대제사장이 되시기에 비로소 우리는 하나님 앞으로 나아갈 수 있다.

이제 우리는 예수님의 보혈의 능력으로 휘장이 걷힌 시대에 서 있다. 분향단을 가로막고 있던 휘장은 이미 하나님께서 찢으셨다. 그렇기에 우리는 하나님께서 기뻐 받으시는 분향단의 기도를 날마다 기쁨으로 올려드릴 수 있어야 한다. 분향단을 지성소로 들이신 하나님께서는 우리가 드리는 믿음의 기도를 아름다운 향으로 받으신다.

예수님께서 십자가에 달리심으로 우리는 죄와 사망에서 벗어났다. 그러나 우리가 여전히 믿음이 없는 상태로 보좌 앞에 나아간다면 예수님께서 십자가에서 이루신 승리를 맛보지 못한다.

여전히 우리가 죄인이라면 우리는 하나님을 만나기 위해 제물을 들고 대제사장 앞으로 나아가야 한다. 그러나 예수님께서는 우리의 대제사장이 되사 은혜의 보좌 앞으로 가는 길을 예비하셨다. 하나님께서는 십자가의 속죄물 되신 예수님을 받으시고 친히 지성소의 휘장을 찢으셨다. 이 놀라운 구원의 역사를 우리는 이제 확고히 믿어야 한다.

성경에는 하나님께서 두신 그룹7)이 등장한다.

에덴동산에서 아담이 쫓겨날 때 하나님께서는 동산 동쪽에 그룹들과 두루 도는 불 칼을 두어 생명나무를 지키게 하셨으며, 속죄소 위 증거궤 위에 그룹들을 두셨다. 휘장에 수놓인 그룹 역시 하나님의 거룩하심을 의미했다.

▶ 그룹

그러나 우리는 이제 하나님의 긍휼하심을 받고 때를 따라 돕는 은혜를 사모하며 은혜의 보좌 앞에 담대히 나아갈 수 있다.

> "그러므로 우리는 긍휼하심을 받고 때를 따라 돕는 은혜를 얻기 위하여 은혜의 보좌 앞에 담대히 나아갈 것이니라"(히 4:16).

---

7) 그룹(cherub, כְּרוּב) '그룹'은 하나님께서 아담을 에덴동산에서 내보내신 후 동산 동쪽을 지키게 두신 천사로 처음 묘사된다. 이후 출애굽 시기를 맞아 하나님께서는 성막에 그룹을 수놓으라 이르셨으며, 지성소 위 속죄소에도 그룹을 두었다. 에덴동산과 성막, 속죄소 등 하나님께서 거하시는 가장 거룩한 곳에 위치한 그룹들 때문에 '그룹 사이에 계신 하나님'(사 37:16)이라는 표현이 사용되기도 하였다.

거룩하신 하나님과 죄악으로 가득한 우리를 가로막던 휘장은 이제 없다. 하나님을 만남에 있어 두렵고 떨리는 마음은 내려놓고 기쁨과 즐거움으로 나아가는 우리 성도들이 되기를 소망한다. 예수님께서 우리가 가진 모든 죄의 값을 대신하셨음을 믿어야 한다.

지성소에는 더 이상 우리를 막는 그 어떤 장애물도, 휘장도 존재하지 않는다. 죄가 없는 우리에게는 우리 죄를 대속하신 대제사장, 오직 예수 그리스도만이 함께하신다. 우리는 담대히 하나님을 만나야 한다.

도둑들이 들끓는 한 나라의 임금이 어느 날 묘수를 냈다. 도둑질하다 잡히는 자의 두 눈을 뽑겠다는 강수를 둔 것이다. 얼마 후에 임금의 하나밖에 없는 아들이 도둑질한 혐의로 체포되었다. 사랑하는 아들의 두 눈을 뽑을 수도, 자신이 공포한 법을 어길 수도 없던 임금은 결국 자기 눈 하나와 아들의 눈 하나를 뽑았다.

하나님께서는 당신의 자녀 된 우리를 너무도 사랑하신다. 그렇기에 누구보다 우리의 죄를 안타까워하신다. 우리를 살리기 위해 제사법을 함께 마련하신 하나님이다. 우리를 사랑하신 하나님께서는 결국 사랑하는 독생자 예수 그리스도를 이 땅에 보내사 세상의 모든 죄를 짊어지게 하셨다. 나의 두 눈을 대신해 자신의 눈마저 내어준 임금의 은혜를 기억하는 아들이라면, 아버지를 만날 때마다 그 은혜에 감격해 두 번 다시 도둑질하지 않을 것이다.

십자가의 은혜는 왕의 눈과 비교할 수도 없을 만큼 큰 사건이다. 하나님께서는 우리의 죄를 위해 사랑하는 독생자 예수를 십자가에 못박으셨다. 도둑질한 아들이 아버지의 눈을 바라보며 감사와 은혜를 무한히 떠올리는 것처럼, 우리 또한 십자가를 묵상할 때 하나님의 크신 사랑과 은혜를 떠올려야 한다. 성전에 걸린 십자가는 그 놀라운 은혜의 사건을 기억하기 위함이다.

예수님의 십자가를 바라볼 때, 그리스도의 대속의 은혜를 함께 마음에 새겨야 한다. 예수님께서 보이신 진정한 기적은 물로 포도주를 만들고, 앉은뱅이를 일으켜 세우는 데 있지 않다. 진정한 기적은 신성 그 자체이신 거룩한 예수 그리스도께서 참으로 버지지 같은 우리를 위해 십자가에 달려주신 그 놀라운 감격의 은혜다.

예수님께서 휘장이 되어주시어 분향단이 지성소로 들어간 이때, 우리는 하나님께 향기로운 기도를 올리는 성도로 변모해야 한다. 하나님 보좌 앞에 날마다 나아갈 수 있는 은혜가 열렸으며 그 은혜를 알면서도 그 구원의 감격을 잃어버리고 있는 모습은 곧 십자가의 은혜가 함께 소멸되고 있는 것과 다르지 않다.

나를 사랑해 독생자를 주신 하나님과, 나를 사랑해 십자가에 달려주신 우리 예수님을 만나는 일은 얼마나 기쁘고 행복한 일인가. 예수님께서 대속하신 이 복음의 은혜를 확실하게 믿고 기도해야 한다. 이 조각목과도 같은 내가 예수님의 보혈을 입고 마음에 다섯 가지 향을 품고 나아간다면 하나님께서 기뻐 받지 아니하실 이유가 없다.

이 시대의 성도들은 하나님 앞에 다른 향을 가지고 나아가서는 안 된다. 하나님 앞에 나를 온전히 드린다는 것은, 내가 분향단이 되어 하나님께서 원하시는 아름다운 향을 성결하게 올려드리는 것이다.

대제사장은 소합향과 나감향, 풍자향과 유향에 소금을 쳐서 하나님 앞에 드렸다. 그리고 휘장이 찢어진 지금, 이 향은 곧 성도들의 기도다. 거룩하고 성결해진 모든 성도의 기도는 천사들이 금향로에 담아 거룩한 하나님의 보좌 앞에 올려드린다. 그리고 하나님은 거룩한 향을 드린 성도의 기도에 응답하시고 그로 인해 영광을 받으시는 분이다. 우레와 번개와 지진으로 응답하시는 우리 하나님께서는 분향단의 향으로 성결하게 기도하는 성도의 기도를 온전히 받으신다.

> "또 다른 천사가 와서 제단 곁에 서서 금 향로를 가지고 많은 향을 받았으니 이는 모든 성도의 기도와 합하여 보좌 앞 금 제단에 드리고자 함이라 향연이 성도의 기도와 함께 천사의 손으로부터 하나님 앞으로 올라가는지라 천사가 향로를 가지고 제단의 불을 담아다가 땅에 쏟으매 우레와 음성과 번개와 지진이 나더라"(계 8:3-5).

암스테르담의 가장 유명한 클럽 중 하나는 19세기 건축된 교회의 자리에 세워졌다. 마찬가지로 암스테르담에 위치한 또 다른 호텔은 1886년에 건축된 가톨릭 성당이 팔려 호텔로 용도가 변경된 곳이다. 그들은 이제 거룩한 예배당으로 지어졌던 구조와

인테리어를 고객을 위해 사용하고 있다. 그곳 어디에서도 거룩함은 찾을 수 없다. 마음속에 예수님의 사랑이 식고 은혜가 식으며 거룩한 교회가 클럽으로 변하는 시대가 이 땅에 도래할 때, 우리는 어떻게 그 식은 은혜를 회복할 수 있을까?

 이 시대를 살아가는 성도들은 더욱 굳게 분향단의 기도를 붙들어야 한다. 모든 분향단의 기도는 결국 십자가의 사랑에서 출발한다. 자신의 독생자까지 내어주신 우리 주 하나님께서는 우리에게 모든 것을 내어주신다. 믿음이 없이는 하나님께서 허락하시는 은사와 능력을 받을 수 없으며 믿음이 없는 기도는 응답받을 수도 없다.

▲ 19세기 이전 네덜란드 종교단체의 예배당으로 사용되었던 건물은 현재 암스테르담에서 가장 유명한 클럽 '파라디소'로 운영되고 있다.
⟨출처⟩ Ville Miettinen from Helsinki, Finland, CC BY 2.0 ⟨https://creativecommons.org/licenses/by/2.0⟩, via Wikimedia Commons

"자기 아들을 아끼지 아니하시고 우리 모든 사람을 위하여 내주신 이가 어찌 그 아들과 함께 모든 것을 우리에게 주시지 아니하겠느냐"(롬 8:32).

예수 그리스도 십자가 그 의를 붙들고 하나님 앞에 당당히 서야 한다. 하나님은 자기를 찾는 자에게 상 주시는 분이다.

결코 분향단의 기도를 꺼뜨려서는 안 된다. 십자가의 은혜를 보고 나를 아는 애통함, 나의 습관과 그릇된 지식을 산산이 부수는 아픔, 뿌리를 자르고 합력할 수 있는 화합, 나를 대속하신 예수 그리스도의 그 크신 은혜를 간직할 믿음이 필요하다.

우리는 믿음으로 기도해야 한다. 비록 그 길이 힘들지라도 분향단의 향을 준비하고 아름다운 향기를 올려드려야 한다. 조각목 같은 나를 순금으로 감싸주신 예수 그리스도의 그 크신 은혜를 회복해야 한다.

하나님은 지금도 우리의 결단을 촉구하신다. 분향단의 기도를 회복하는 성도가 되기를 간절히 소망하신다.

"믿음이 없이는 하나님을 기쁘시게 하지 못하나니 하나님께 나아가는 자는 반드시 그가 계신 것과 또한 그가 자기를 찾는 자들에게 상 주시는 이심을 믿어야 할지니라"(히 11:6).

생각열기

우리가 날마다 즐거이 분향단의 기도를 올릴 수 있게 된 까닭은 무엇인가?

분향단의 기도를 사모해야 할 이유는 무엇이며, 분향단의 기도가 우리에게 기적의 기도가 되는 까닭은 무엇인지 생각해 보자.

향기로운 분향단의 기도

지은이 : 정문수
초판일 : 2021년 12월 18일

엮은이 : 윤성민
감　수 : 홍경주

펴낸이 : 김혜경
펴낸곳 : 도서출판 나됨

주소 : 서울시 은평구 역촌동 68-33호 2층
전화 : 02) 373-5650, 010-2771-5650

등록번호 : 제8-237호
등록일자 : 1998. 2. 25

값 : 12,000원

저자와의 협약하에 인지를 생략합니다.
ISBN 978-89-94472-49-5 03230